Sittiche und kleine Papageien

Dr. med. vet.
Eva Maria Bartenschlager

Sittiche und kleine Papageien

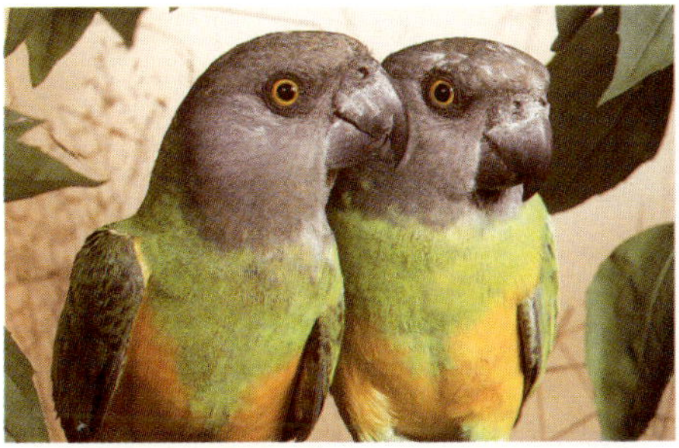
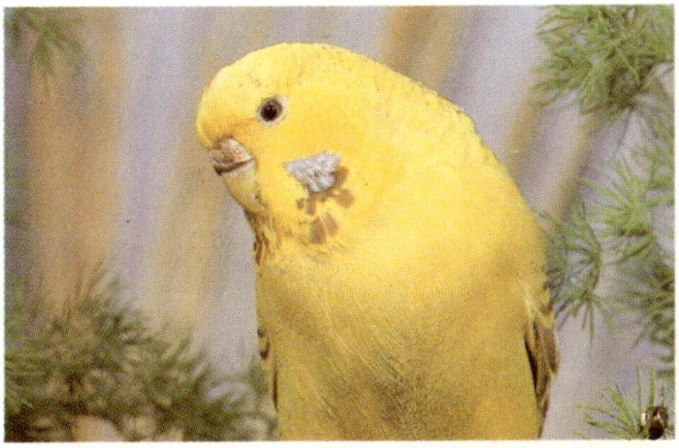
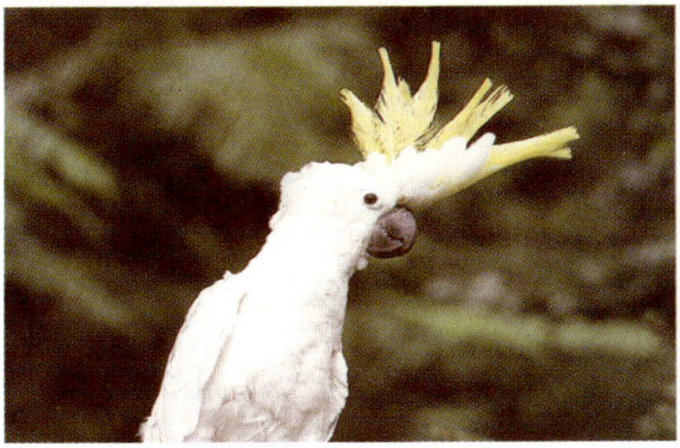
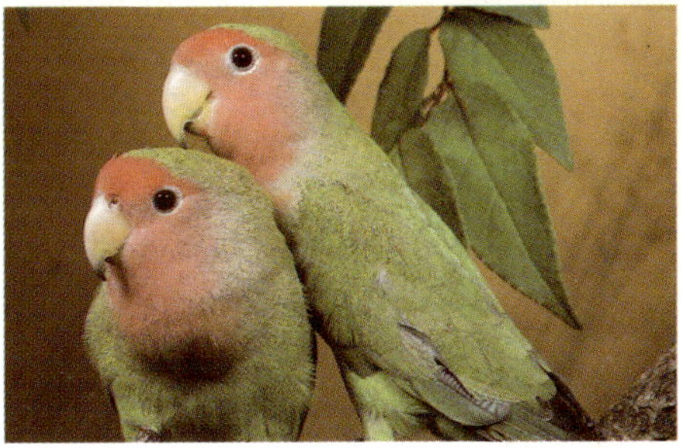

FALKEN

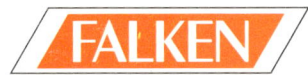

ISBN 3 8068 0864 3

© 1992 by Falken-Verlag GmbH, 6272 Niedernhausen/Ts.

Umschlaggestaltung: Zembsch' Werkstatt, München
Titelbild: Reinhard-Tierfoto, Heiligkreuzsteinach-Eiterbach
Fotos: Toni Angermayer, DGPh. Tierbildarchiv, Holzkirchen: 17 (Ziesler); Horst Bielfeld, Jameln: 7 u., 8 r., 19, 22, 23, 24, 25, 27, 28 o., 29, 31, 32, 37 l., 38, 53 l., 60 r., 78, 79 r., 83 l.; Volker Bielfeld, Jameln: 7 o.; Dr. Gerhard Fries, Pöcking: 13, 45, 67 o., 68, 69, 70; Ingeborg Polaschek, Linsengericht-Altenhaßlau: 35, 37 r., 41, 42 r., 53 r., 60 l., 67 u.; Reinhard-Tierfoto, Heiligkreuzsteinach-Eiterbach: 1, 2, 3, 6, 8 l., 10, 15, 16, 20, 21, 26, 28 u., 33, 39, 42 l., 43, 44, 47, 49, 50, 51, 52, 54, 55, 56, 57, 58, 59, 61, 63, 74, 75, 76, 77, 79 l., 80, 81, 82, 83 r., 84, 85; Silvestris Fotoservice, Kastl: 18 (Wöthe).
Zeichnungen: Ute Kuhn, München

Satz: LibroSatz, Kriftel bei Frankfurt
Druck: Zumbrink Druck GmbH, Bad Salzuflen

07086487X 817 2635 44

Inhalt

Kleine Papageienkunde

Die Papageienfamilie

Die Familie oder Ordnung der Papageien wird in sieben Unterfamilien eingeteilt: 1. Loris, 2. Kakadus, 3. Spechtpapageien, 4. Eulenpapageien, 5. Nestorpapageien, 6. Borstenköpfe und 7. Echte Papageien, die mit fünf Gattungen die größte Gruppe bilden. Zu diesen Echten Papageien gehören auch sämtliche Sittiche. Alle Sittiche sind also Papageien, umgekehrt sind aber die Papageien nicht unbedingt Sittiche. Im deutschen Sprachgebrauch gilt als Faustregel: langer Schwanz gleich Sittich, kurzer Schwanz gleich Papagei. Die Größe spielt bei dieser Definition nicht die geringste Rolle. Die weltgrößten Papageien, nämlich die Aras, die bis über einen Meter messen können und lange Schwänze haben, werden den Keilschwanzsittichen zugeordnet, während die nur sperlingsgroßen Unzertrennlichen mit ihrem kurzen Schwanz zur Gattung der Wachsschnabelpapageien gehören. In der wissenschaftlichen lateinischen Namensgebung wird nicht nach Papageien und Sittichen unterschieden, sie werden alle zu den »Psittaciden« gezählt. Wir Vogelfreunde und Hobbyhalter sollten uns aber nicht die Frage stellen: »Sittich oder Papagei«, sondern »Welcher Vogel paßt am besten zu uns? Erfüllt er die Ansprüche, die wir an ihn stellen? Stellt er Ansprüche an uns, die wir bereit sind zu erfüllen?«
Das Buch will Ihnen bei der Beantwortung dieser Fragen helfen.

Durch den kurzen Schwanz wirkt der Körper des Mohrenkopfpapageis gedrungen.

Die Sittiche – wie dieser Nymphensittich hier – zählen zur Unterfamilie der »Echten Papageien«.
Kennzeichnend für alle Sittiche sind die langen Schwanzfedern.

Ein bißchen Biologie

Die Familie der Papageien, zu denen auch die Sittiche zählen, ist wie gesagt sehr groß. Wissenschaftler ordnen den »Psittaciden« (psittacus ist das lateinische Wort für Papagei) immerhin sieben Unterfamilien, 71 Gattungen und 328 Arten zu. Papageien gehören zu den intelligentesten und am höchsten entwickelten Vögeln der Welt. Mit Ausnahme Europas bevölkern sie jeden Erdteil. Sie haben typische gemeinsame Merkmale, durch die sie sich zum Teil erheblich von unseren einheimischen Vogelarten unterscheiden. Da ist zunächst der charakteristische Krummschnabel, messerscharf, mit stark nach unten gekrümmtem Oberschnabel. Beide Schnabelhälften sind extrem beweglich und befähigen die Papageien, Samen zu enthülsen, Nüsse zu knacken,

Früchte zu schälen, aber auch Holz zu zerkleinern, wie sie es zum Beispiel beim Nestbau oft tun müssen. Dieser kräftige Schnabel dient ihnen zudem als »drittes Bein« beim Klettern und Hangeln.
Die dicke, sehr muskulöse Zunge hilft beim Abtasten, Zurechtrücken und Quetschen der Nahrung – Vögel haben ja keine Zähne.
Wie alle Vögel haben auch die Papageien nur vier Zehen, wobei die erste und vierte Zehe den beiden mittleren gegenübersitzen. Aufgrund dieser Anordnung können die Füße – fast wie Hände – als Greifwerkzeuge eingesetzt werden. So pflücken viele Papageien Früchte und Knospen mit dem Schnabel ab und führen sie mit dem Fuß zum Schnabel.

Papageien haben kräftige, messerscharfe Schnäbel.

Die Weißstirnamazone benutzt ihre Füße zum Festhalten der Nahrung.

Augen

Ohrgegend

Nasenlöcher

Wachshaut

Schnabel

Kehle mit Kropf

Brust

Flügelbug/
Schulter

Bauch

Zehen

Krallen

Kloake

große
Hand-
schwingen

Armschwingen

Rücken

Bürzel

Schwanzfedern

*Die wichtigsten äußeren Merkmale
eines Papageis (hier Wellensittich)*

Papageien haben im Verhältnis zu ihrem Körper sehr kurze, stämmige Beine, mit denen sie zwar fantastisch klettern, aber nicht schnell und gewandt laufen können. Auf dem Boden, den die meisten Arten nur zum Fressen aufsuchen, bewegen sie sich daher eher plump.

Der Körper ist stromlinienförmig wie bei fast allen Vögeln und viele Papageien – besonders die langschwänzigen – sind gewandte Flieger.

Dabei hilft ihnen nicht nur die Körperform, sich vom Boden zu erheben und in der Luft zu bewegen, sondern eine ganze Reihe von aufeinander abgestimmten Spezialeinrichtungen des Vogelkörpers

Ein Nymphensittich im Flug. Die meisten Sittiche sind gewandte Flieger.

sind für die Flugfähigkeit verantwortlich. Am auffälligsten ist sicher das Federkleid, das Merkmal, durch das sich Vögel von allen anderen Tieren unterscheiden. (Fliegen können ja auch Fledermäuse oder Insekten.)

Das Gefieder wärmt und schützt vor Verletzungen. Es bedeckt den ganzen Vogelkörper mit Ausnahme der Beine, der Augen, der Nase und des Schnabels.

Die Deckfedern, zu denen die Flug- und Schwanzfedern gehören, geben dem

Vogel seine äußere Form und die Farben. Die Daunen dienen hauptsächlich zur Wärmeisolierung. Zwischen 1500 und 15 000 Federn hat ein Papagei, je nach Körpergröße. Alle Federn werden von Zeit zu Zeit abgestoßen und durch neu nachwachsende ersetzt. (Papageien und Sittiche haben keine eigentliche Mauserperiode wie viele andere Vögel, sondern erneuern ihr Gefieder das ganze Jahr über; näheres dazu siehe Seite 46.)

Eine Ausnahme sind die sogenannten Puderdaunen, sie wachsen dauernd nach und werden niemals abgestoßen. Außer Papageien haben nur wenige andere Vogelfamilien, zum Beispiel die Greifvögel, diese Federart.

Die Federzweige der Puderdaunen zerfallen zu feinem Staub, den die Papageien zur Gefiederpflege benutzen. Sie »pudern« sich damit ein, die Federn erhalten dadurch ihren typischen metallischen Glanz und werden gleichzeitig wasserabstoßend.

Ebenfalls zur Gefiederpflege nutzen die meisten Vögel das Sekret der Bürzeldrüse (siehe Abbildung Seite 14). Diese Drüse ist allerdings nicht bei allen Papageien vorhanden.

Die Flugfedern lassen sich wie die Tragflächen eines Flugzeugs beliebig in jede gewünschte Richtung drehen, der Papagei kann somit seine Flugbahn genau bestimmen.

Für die meisten Papageien sind die uns so leuchtend bunt anmutenden Federn tatsächlich Tarnfarben: je nach Lebensraum haben sie die Grundfarben grün mit blütenfarbigen Abzeichen (rot-weiß-gelbblau) oder erdfarben. Zwei weitere Effekte sollen die grellbunten Farben hervorrufen: sie sollen Feinden imponieren und während der Balzzeit Partner anlocken.

Die zum Fliegen notwendigen Muskeln sind bei allen Vögeln – also auch bei Papageien – am Brustbein befestigt. Die sehr kräftige Knochenplatte hat einen Kamm, an dem die Flugmuskeln befestigt sind. Je größer dieser Kamm, desto kraftvoller der Vogelflug.

Ganz konträr dazu sind die Knochen bei Vögeln extrem leicht gebaut. Sie sind »luftgekammert«, also teilweise innen hohl, und stehen über die Luftsäcke mit der Lunge in Verbindung. Das hilft den Papageien wie anderen flugfähigen Vögeln auch, sich besonders leicht zu machen: sie pumpen ihre Knochen voll Luft. (Vögel können übrigens ihren Brustkorb nicht wie wir dehnen, sie atmen allein mit dem Bauch, weil die kleine Lunge fest mit den Rippen verklebt ist.)

Auch die Atemorgane sind im System etwas anders als beim Säugetier. Beim Einatmen gelangt die Luft nicht nur in Bronchien und Lunge, sondern sie geht auch in die verschiedenen Luftsäcke (siehe Abbildung Seite 12). Atmet der Vogel wieder aus, gelangt die Luft aus den Luftsäcken zum zweitenmal in die Lunge und erst dann wieder nach draußen. So ist die beste Ausnutzung der Atemluft gewährleistet ohne Atemmehraufwand.

Die Luftsäcke im Körper dienen aber nicht nur der besseren Ausnutzung der Atemluft, sie sind zugleich wichtig für das Fliegen, da sie sämtliche Hohlräume im Körper des Vogels ausfüllen. Außerdem dienen sie dem Vogel auch als eine Art Isolation, also als Wärmeschutz.

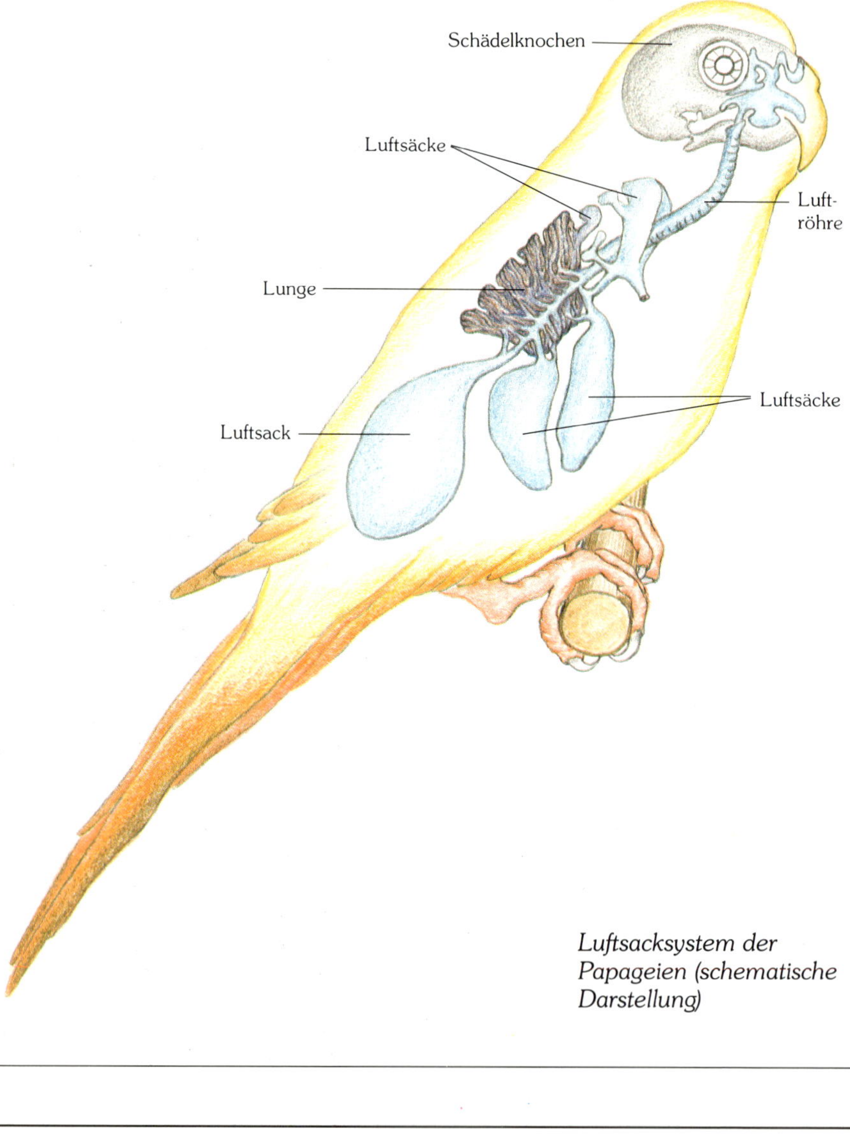

Schädelknochen ——————

Luftsäcke ◄——

Luft-
röhre

Lunge —————————

Luftsäcke

Luftsack —————

*Luftsacksystem der
Papageien (schematische
Darstellung)*

12

Die Ohren eines Wellensittichs sind normalerweise von den Kopffedern bedeckt.

Eine weitere Besonderheit, die nur das Vogelskelett aufweist: während alle Säugetiere, die Giraffe ebenso wie das Meerschweinchen oder auch der Mensch, einheitlich sieben Halswirbel besitzen, haben Vögel unterschiedlich viele, bei Papageien bewegt sich diese Zahl zwischen 10 und 18. Der Hals der Papageien ist extrem wendig. Diese Beweglichkeit unterstützt den wichtigsten und ausgeprägtesten Sinn aller Vögel – den Gesichtssinn. (Papageien können nicht gut riechen und besitzen auch keinen sehr ausgeprägten Geschmackssinn. Die kräftige Zunge ist aber sehr gut mit Tastpapillen ausgestattet.) Ihre Augen aber sind phantastisch. Daß sie sich in den Höhlen kaum bewegen lassen, macht der biegsame Hals wett: wenn Ihr Vogel etwas Neues entdeckt hat,

verrenkt er sich förmlich, um dieses Objekt in den richtigen Winkel zu bekommen und es plastisch sehen zu können. Denn sein Gesichtskreis ist, weil die beiden Augen seitlich sitzen und unabhängig voneinander Bilder wahrnehmen können, zwar wesentlich größer als unserer. Das räumliche Gesichtsfeld aber, also der Teil der Umgebung, den beiden Augen gleichzeitig wahrnehmen, ist kleiner als bei uns, deshalb die Verrenkungen. Papageien sehen vermutlich wesentlich mehr Bilder pro Sekunde als wir: rund 150 aufeinanderfolgende Reize nehmen sie in einer einzigen Sekunde auf, mehr als zehnmal so viele wie der Mensch, der ganze 16 Bilder erfaßt. Ihr Wellensittich sieht also einen Film, der Ihnen als durchlaufende Bildfolge erscheint, als verschiedene Einzelbilder. Farben sehen Papageien übrigens so gut wie wir.

Wie andere Vögel auch haben die Sittiche keine Ohrmuscheln wie die Säugetiere, die Ohren sitzen, meist federbedeckt, seitlich am Kopf. Papageien hören nicht so gut wie der Mensch, der Schwingungsbereich, den sie wahrnehmen, liegt zwischen rund 400 und 20 000 Hz; das menschliche Ohr nimmt noch 20 Hz wahr. Tiefe Töne überhört der Papagei also, die hohen Lagen hört er genauso gut wie wir. Dafür sind sie wesentlich besser als wir Menschen in der Lage, eine Tonfolge in winzige Einzeltöne zu zerlegen; sie hören Zwischentöne, die wir nicht wahrnehmen. Was für uns wie monotones, ununterbrochenes Kreischen klingt, ist in ihren Ohren eine Melodie aufeinanderfolgender Töne, die sie sich gut merken und exakt wiedergeben können.

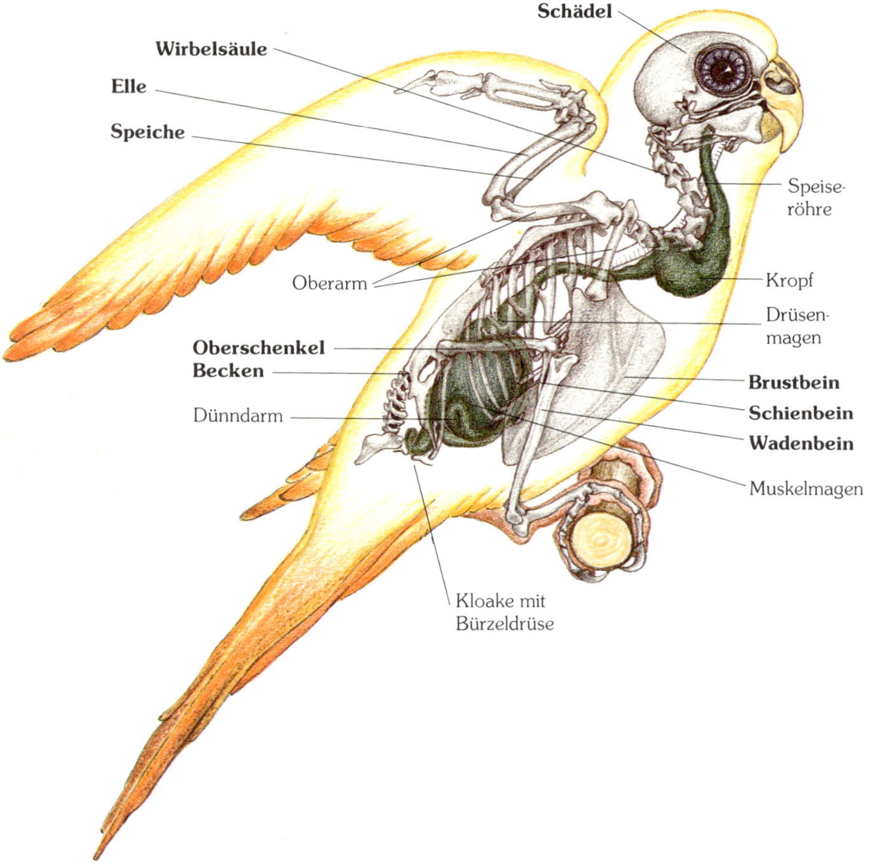

Schädel

Wirbelsäule

Elle

Speiche

Speise-
röhre

Oberarm

Kropf

Drüsen-
magen

Oberschenkel
Becken

Dünndarm

Brustbein

Schienbein

Wadenbein

Muskelmagen

Kloake mit
Bürzeldrüse

*Skelett und Verdauungs-
system von Papageien
(schematische Darstellung)*

Papageien besitzen, wie andere Vögel auch, einen Vibrationssinn: die sogenannten Herbstschen Körperchen (Nervenendkörperchen) in den Beinen übermitteln ihnen bereits die minimalsten Bewegungen des Sitzplatzes. Weil sie in der Lage sind, zwischen »Feind«-Bewegungen des Astes und natürlichen Bewegungen, etwa durch Wind, zu unterscheiden, dient der Vibrationssinn als Frühwarnsignal.

Papageien haben, wie alle Vögel, einen Kropf, einen Hautsack also, der eine Ausstülpung der Speiseröhre ist. (Der menschliche Kropf ist damit nicht zu vergleichen, er entsteht durch eine Fehlfunktion der Schilddrüse.) In diesem Kropf speichern die Papageien Futter. Haben sie Junge zu füttern, werden die im Kropf gespeicherten Körner mit Hilfe eines speziellen Sekrets aufgeweicht, und dann wird dieser weißliche Körnerschleim verfüttert.

Der Drüsenmagen, dem Muskelmagen vorgelagert, ist wieder eine Besonderheit der Vögel. Sie haben zwei Magensysteme, wir nur eines.

Während im Drüsenmagen Verdauungssäfte das Futter aufweichen, wird es im Muskelmagen mit starken Preßbewegungen gemahlen. Gritkörner, die der Vogel aufnimmt und die immer im Muskelmagen vorhanden sind, unterstützen den Zerkleinerungsvorgang.

Im Gegensatz zu Säugern haben Vögel nur einen Ausgang für Nieren- und Darmausscheidungen, also Kot *und* Harn. Beide Systeme, der Darm und die Nieren, münden in die Kloake (siehe Seite 14). Vögel haben keine Harnblase, was ihnen zusätzlich Gewicht beim Fliegen spart.

Die Geschlechter lassen sich bei Vögeln schwer bestimmen, da die Geschlechtsorgane im Körper verborgen liegen. Aber oft ist das Männchen bunter oder kräftiger gefärbt als das Weibchen – wie hier an diesem Glanzsittichpaar zu sehen.

Die beiden Nieren filtern das Blut, führen wesentlich mehr Wasser daraus zurück als die Nieren der Säugetiere und geben einen halbfesten Urin frei. Was wir als normalerweise weißen Anteil im Kot sehen, ist der Harn.

Neben den Nieren ist die sehr große Leber das wichtigste Entgiftungsorgan des Papageienkörpers. Sie speichert außerdem Kohlenhydrate, Vitamine und Mine-

ralstoffe und produziert die Gallenflüssigkeit. Papageien haben keine Gallenblase. Die Körpertemperatur der Vögel liegt bei rund 41°C, ist also wesentlich höher als beim Menschen. Atmung und Herzschlag sind entsprechend: in Ruhe atmet ein Wellensittich 60- bis 80mal pro Minute, sein Herz schlägt in der gleichen Zeit 150- bis 200mal.

Papageien besitzen keine Schweißdrüsen, sie kühlen sich durch veränderte Federstellung und hecheln durch den halbgeöffneten Schnabel. Krummschnäbel atmen durch die Nase, die Nasennebenhöhlen wärmen die eingesaugte Luft an, die anschließend in Bronchien, Luftsäcke und Lunge wandert.

Die Luftröhre ist gegabelt. Papageien haben nämlich keine Stimmbänder, sondern ein eigenes Stimmorgan, die Syrinx. Das leistungsfähige Vogelherz hat die gleiche Funktion wie das menschliche Herz. Frisches Blut wird über die Arterien vom Herzen weg zur Versorgung der Organe gepumpt. Verbrauchtes, sauerstoffarmes Blut fließt über die Venen zum Herzen hin und erhält über die Lunge Sauerstoff.

Weibliche Papageien haben zwei Eierstöcke, von denen, wie bei allen Vögeln, nur der linke aktiv, der rechte lediglich in der Anlage vorhanden ist. Die Schale der Eier wird im Eileiter gebildet.

Die Hoden der männlichen Papageien liegen innen im Bauchraum. Sie produzieren Sperma und Hormone.

Papageien in ihrer Welt

Die meisten der bei uns gehaltenen Papageien- und Sitticharten stammen aus den riesigen Trockengebieten Afrikas oder Australiens, Gegenden also, die hauptsächlich aus weiten Graslandschaften mit niedrigen Büschen und vereinzelten Baumgruppen bestehen. Nicht die Jahreszeiten bestimmen dort den Lebensrhythmus, sondern die Regenzeiten, denen oft endlose Trockenzeiten vorangehen und folgen. Temperaturstürze sind hier nicht selten; windstillen, glühendheißen Tagen folgen oft eisige Nächte. Wie alle hier vorkommenden Pflanzen und Tiere haben sich auch die Papageien im Laufe der Jahrtausende perfekt auf diesen Lebens-

Die ausgedörrten Bäume dienen diesem Schwarm Nacktaugenkakadus als Rastplätze vor der Futtersuche.

Aras in freier Wildbahn. Die Vögel kommen regelmäßig zu dieser Stelle, um die mineralhaltige Erde zu fressen.

raum eingestellt und gelernt, auch unter extremsten Bedingungen zu überleben. Den Jahresrhythmus bestimmt der Regen, den Tagesrhythmus dagegen die Sonne. Wenn in der Morgendämmerung ihre Strahlung noch nicht so intensiv ist, nutzen die Papageien die kühlen Stunden zu hektischer Betriebsamkeit. Mit dem Morgentau löschen sie ihren Durst. Schwarmweise rücken sie aus, um auf Grasfeldern nach Samen zu suchen und Büsche und Bäume auf Beeren und Früchte zu durchstöbern. Jetzt sind sie auch am lautesten. Mit zum Teil schrillen Kontaktrufen finden die Trupps zueinander, mit höllischem Gekreisch sollen mögliche Feinde und Nahrungskonkurrenten vertrieben werden.

Wenn die Sonne höher steigt, weicht der Arbeitseifer einer Mußephase, während der die Vögel sich putzen, »ihre« Äste aufsuchen und miteinander »schwatzen«. Sie nehmen Sonnen- und Sandbäder. Wenn eine Wasserstelle vorhanden ist, baden sie auch darin. Während der heißesten Mit-

tagsstunden suchen alle Schutz im Schatten und dösen vor sich hin. Nachmittags, bevor die Sonne untergeht, werden sie wieder wach und rege. Noch einmal spielt sich dann die morgendliche Hektik ab: wieder schwärmen die Papageien zu ihren Futterstellen. Nach Sonnenuntergang sind sie plötzlich alle verschwunden. Kein Ton ist mehr zu hören, denn die Dunkelheit macht Papageien hilflos, sie sind nachtblind. Dieser Tagesrhythmus wiederholt sich, solange die Trockenzeiten anhalten. Bietet der Lebensraum nicht mehr genügend Sämereien, ist auch die letzte Pfütze versiegt, wandern die Papa-

Aras sind wie alle Papageien Höhlenbrüter, die ihre Jungen in Baumlöchern großziehen.

geienschwärme weiter. Sie können riesige Entfernungen zurücklegen.
Das Nomadenleben stoppt schlagartig, wenn erste dunkle Wolken den Beginn der meist sehr kurzen, aber heftigen Regenzeit verkünden. Abrupt ändert sich das Papageienleben: Paare finden zusammen, Partner, die vorher getrennt im Schwarm gelebt haben, suchen einander wieder. Die meisten Arten leben in Einehe,

wechseln also den einmal gefundenen Partner selten oder nie und finden sich zur Regenzeit immer wieder zusammen.

Wer eine Bruthöhle hat, bessert sie schnell und oft schlampig aus. Jungpapageien, die zum erstenmal brüten, suchen schleunigst nach der geeigneten Höhle. Alle müssen sich beeilen, denn mit dem Regen quellen und keimen die Samen der Gräser, spenden Knospen eiweißreiche Nahrung, reifen schließlich Beeren und Früchte, gibt es – für ein paar Wochen – Futter im Überfluß, das nicht nur den Vogeleltern, sondern vor allem der heranwachsenden Brut mit ihrem unersättlichen Hunger zugute kommt. Kaum haben die ersten Jungvögel die Baumhöhlen verlassen, brüten die Eltern erneut. Denn die nächste Trockenzeit kommt bestimmt, mit ihr wird die Nahrung knapp werden und nicht mehr für die Aufzucht der Jungen reichen.

Junge Papageien schlüpfen nackt, blind und völlig hilflos. Die Mutter, bei einigen Arten auch beide Eltern, bereitet die Nahrung im Kropf auf und verfüttert sie bereits verdauungsgerecht. Meist kümmert sich der Vater, der während der Brutphase seine Partnerin mit Futter und Wasser versorgt, nach dem Ausfliegen noch eine Zeitlang um seine Kinder, während die Mutter erneut Eier legt.

Dem oben beschriebenen Lebensrhythmus folgen beinahe alle der im Anhang »Vogelporträts« beschriebenen Papageien: die Australier, also Wellensittich, Nymphensittich, Rosella, Gras-, Bourke-

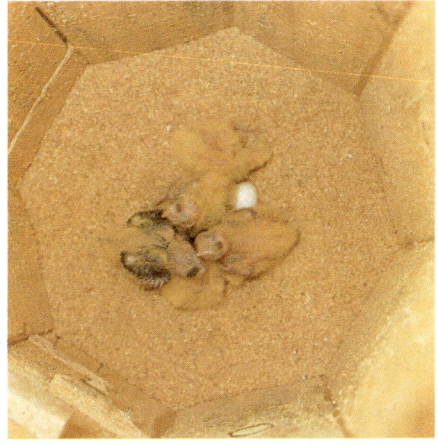

Ein Blick in die Nymphensittichkinderstube. Jeden zweiten Tag schlüpft ein neues Küken.

und Singsittich, genau wie die in Afrika beheimateten Rosenköpfchen.

Mohrenkopf- und Graupapagei, ebenfalls aus Afrika, leben in baumreicheren, feuchteren Gebieten, die Blaustirnamazonen und Gelbwangenkakadus dagegen im tropischen Regenwald mit einem üppigen Nahrungsangebot, das das ganze Jahr über zur Verfügung steht. Diese letzten beiden Arten bevorzugen deshalb Früchte aller Art und nehmen Sämereien nur als Beikost auf. Ihnen steht ja in der Natur auch die tropische Fruchtvielfalt zur Verfügung. Mohrenkopf- und Graupapagei lassen sich Datteln, Feigen und Palmfrüchte schmecken.

Der Kauf eines Papageis

Welcher Vogel ist der richtige?

Wer sich für einen Papagei als künftigen Hausgenossen entscheidet, verknüpft mit dieser Entscheidung natürlich einige Erwartungen. Die meisten Vogelfreunde wünschen sich ein möglichst zahmes Tier, das gut sprechen lernt und sich in die Hand nehmen läßt, mindestens aber auf den Finger kommt und sich kraulen läßt. Andere Vogelliebhaber suchen eher ein Schmucktier mit bunten Farben und melodischer Stimme. Und wieder andere wünschen sich ein bißchen Wildnis und Natur im Wohnzimmer. Sie wollen sich am Spiel der exotischen Vögel freuen und möglichst ein- bis zweimal im Jahr Jungvögel großwerden sehen.

Einen Vogel, der alle diese Voraussetzungen erfüllt, gibt es nicht. Abstriche muß jeder künftige Papageienbesitzer machen. Es ist deshalb wichtig, daß Sie vor dem Kauf entscheiden, worauf es Ihnen am meisten ankommt und ob Sie bereit sind, Platz, Zeit und Geld zu opfern, um nicht nur Ihre Wünsche, sondern auch die Ihres Sittichs so gut wie möglich zu erfüllen. Wer einen handzahmen, sprechenden Vogel will, muß sich klarmachen, daß ein Papagei nur deshalb so zahm wird, weil er den Menschen als Ersatzpartner oder als Ersatz für den fehlenden Schwarm akzeptiert. Das bedeutet umgekehrt: Ihr Vogel wird um so zahmer, je eher Sie die Erwartungen, die er an seinen »Vogel«-Partner stellt, befriedigen. Ein Papagei will eigentlich nie alleine sein und wird nur dann wirklich so anhänglich und lernt sprechen, wenn Sie sich mit ihm beschäftigen.

Ist er aber erst einmal zahm und hat Sie als Partner akzeptiert, werden seine Ansprüche noch größer. Denn jetzt will er überhaupt nicht mehr ohne Sie sein. Er wird Sie rührend begrüßen, wenn Sie eine Zeitlang weg waren und wiederkommen. Er wird, um Sie zu erfreuen, sein ganzes Repertoire herunterspulen, wenn Sie bei ihm sind. Aber er leidet auch, wenn Sie fort sind. Er schreit und ruft, wenn er sich einsam fühlt. Er verkümmert, wenn Ihnen plötzlich die Zeit für ihn fehlt. Und er reagiert eifersüchtig, wenn er Ihre Zuneigung teilen muß – mit Menschen oder anderen Tieren.

Graupapageien sind, wie alle Papageien, neugierig. Mit dem beweglichen Schnabel testen sie alles auf seine Verwendbarkeit.

Wer zwei Vögel gleichzeitig kauft, braucht dagegen viel mehr Geduld, bis sie wirklich zahm sind. Sie verlieren zwar beim richtigen Umgang ihre Scheu vor dem Menschen, aber sie kommen nur selten auf die Schulter, lassen sich kaum kraulen und lernen selten sprechen. Diesen Nachteilen stehen Vorteile gegenüber: zwei Vögel nehmen es nicht übel, wenn man sich nicht so intensiv um sie kümmern kann. Natürlich können auch diese nichtsprechenden, halbzahmen Papageien viel

Der Gelbhaubenkakadu in der Mitte kostet rund DM 500,–.
Wer einen Goffini-Kakadu (links) oder einen Rotbugara (Zwergara) haben möchte, muß dagegen schon rund DM 1000,– ausgeben.

Freude bereiten, weil sie sich wesentlich natürlicher verhalten. Sie leben ihren Spieltrieb und ihre Neugier voll aus, nehmen regen Anteil am menschlichen

Leben, sie begrüßen oder »beschimpfen« Besucher. Sie kennen die anderen Mitbewohner und beäugen neue Möbel, und Pflanzen neugierig, um sie beim Freiflug sofort auf ihre Verwendbarkeit zu überprüfen. Sie hängen mit rührender Liebe aneinander, putzen und kraulen sich, »reden« und spielen miteinander.

Bei der Wahl des richtigen Papageis spielt auch der Platz eine Rolle. Wer seinem Vogel nie einen Freiflug in der Wohnung gewähren kann, muß ihm wenigstens einen großen Käfig gönnen. Wer ihn mindestens einmal täglich frei fliegen läßt, braucht auf die Geräumigkeit des Vogelheimes nicht solchen Wert zu legen. Er muß aber bedenken, daß alle Papageien neugierig sind und gerne mal an Zimmerpflanzen, Tapeten, Vorhängen, Kissen, Büchern und – vor allem die größeren Arten – auch an Holzmöbeln nagen. Mit der Stubenreinheit ist es bei allen Vögeln schlecht bestellt. Kleckse beim Freiflug müssen Sie, wenigstens anfangs, in Kauf nehmen. Im Lauf der Zeit lernen Sie die Lieblingsplätze Ihres Vogels kennen und können den Kot in einem Schälchen darunter auffangen.

Und auch sonst müssen Sie sich auf den Schmutz, den Papageien machen, einstellen. Ob sie ein Bad nehmen, den Sand nach Herzenslust verteilen oder durch Fliegen und Flattern kleine Federchen und auch Futterteile in der Wohnung verstreuen – Arbeit machen sie allemal.

Auch einigen Lärm müssen Sie – und eventuell Ihre Nachbarn – in Kauf nehmen können, denn Vögel kann man nicht wie ein Radio auf Zimmerlautstärke stellen. Wenn Sie ein starker Raucher sind, sollten Sie das Ihrem Vogel zuliebe einschränken oder besser abstellen, denn Vögel sind gegen Rauch sehr empfindlich. Und wenn das Tier krank werden sollte, hat auch ein Vogel das Recht auf einen Tierarzt. Bei größeren Vögeln kann das mitunter sehr schwierig werden, weil Sie dann einen Spezialisten aufsuchen müssen, der unter Umständen teuer ist.

Die Finanzen spielen ansonsten nur bei der Wahl der Papageienart eine Rolle. Ein solcher Vogel kann zwischen 20 und 1000 DM oder mehr kosten. Dazu kommen die Aufwendungen für den Käfig, die ebenfalls bis zu 1000 DM betragen können. Futter, Sand und Zubehör machen monatlich nur geringe Beträge aus. Mit rund 20 bis 50 DM pro Monat können Sie Ihren neuen Hausgenossen in der Regel optimal versorgen.

Hat man wenig Zeit, sich um seinen Papagei zu kümmern, sollte man zwei Vögel halten.

Artenschutz und Ringpflicht

Trotz ihrer Anpassungsfähigkeit an extreme Lebensbedingungen, trotz ihrer hohen Intelligenz und ihrem Vermögen, Notstandszeiten zu überleben, sind inzwischen viele Papageienarten vom Aussterben bedroht oder schon ausgestorben. Auch ihre hohe Lebenserwartung – immerhin rund 20 Jahre bei den kleinen Arten, 70 Jahre und mehr bei den großen – hat den rapiden Schwund nicht aufhalten können.

Schuld daran ist in erster Linie der Mensch.

Seine schönen Farben, die leichte Zähmbarkeit, seine Verspieltheit und Intelligenz, vor allem aber seine Fähigkeit, die menschliche Stimme zu imitieren, machten Papageien bereits vor Tausenden von Jahren zum beliebtesten Hausgenossen des Menschen. Bereits vor unserer Zeitrechnung, im alten China, bei den Griechen und Römern, war es Prestigesache, einen Papagei zu besitzen. Und bis heute laufen Vögel allgemein, sieht man von den Fischen einmal ab, in Anzahl und Beliebtheit allen anderen Heimtieren den Rang ab.

Das hatte und hat Folgen für die freilebenden Papageien. Seit Beginn dieses Jahrhunderts blüht der Handel mit diesen Exoten. Massenfänge von zigtausend Tieren waren noch vor 20 Jahren keine Seltenheit, Massensterben beim Transport leider auch nicht.

Als die Zahl der freilebenden Papageienvölker, die durch Kultivierung ihrer natürlichen Lebensräume, durch Beweidung der Savannen, Abholzen der Regenwälder immer stärker verdrängt wurden, dramatisch schrumpfte, erhoben sich Stimmen, die den weiteren Raubbau stoppen wollten.

1960 verbot Australien die Ausfuhr sämtlicher heimischer Tierarten, also auch aller dort lebenden Papageien, um ein Aussterben zu verhindern. Trotzdem werden immer noch seltene Exemplare geschmuggelt und gehandelt.

Dem 1973 weltweit beschlossenen Abkommen über den internationalen Handel mit gefährdeten Tieren, dem sogenannten Washingtoner Artenschutzabkommen, abgekürzt WA, sind inzwischen

Intelligenz, Sprachbegabung, Farbenpracht machen den Gelbbrustara zum begehrten Prestigeobjekt.

Das Psittacose-Gesetz schreibt die Beringung für alle Papageienvögel vor. Die Ringpflicht nützt auch dem Artenschutz, denn ein geschlossener Ring beweist, daß der Vogel nicht gefangen, sondern gezüchtet wurde.

89 Staaten beigetreten. Es schränkt die Aus- und Einfuhr bedrohter und geschützter Tierarten erheblich ein oder verbietet sie ganz.

Die Bundesrepublik unterzeichnete das WA 1975, ein Jahr später trat es hier in Kraft. Seit 1981 gelten alle Papageienarten mit Ausnahme des Halsband-, Nym-

phen- und Wellensittichs als geschützt und dürfen nur mit Genehmigung gehandelt, im- oder exportiert werden. Seit 1. 1. 1987 ist bei uns auch die neue Bundesartenschutzverordnung in Kraft getreten, die einen Herkunftsnachweis und eine Meldepflicht für jedes neu erworbene oder verkäufliche geschützte Tier verlangt und damit den Handel mit illegal importierten Tieren unterbinden will.

Für den Papageienfreund bedeutet das, daß er beim Kauf eines Papageis oder Sittichs die Garantie braucht, daß es sich um ein legal importiertes oder hier nachgezüchtetes Tier handelt.

Die sogenannten CITES-Papiere sind

In seiner australischen Heimat ist der Bourkesittich vom Aussterben bedroht. Bei uns leben ausschließlich Nachzuchten, die sie unbedenklich kaufen können.

eine solche Garantie. CITES bedeutet »Convention of International Trade with Endangered Species« (Übereinkunft über den internationalen Handel mit gefährdeten Arten).

Nach der Bundesartenschutzverordnung ist jeder Verkäufer verpflichtet, dem Käufer solche Papiere vorzulegen oder einen anderen glaubhaften »Herkunftsnachweis« zu erbringen.

Bei hier gezüchteten Papageien kann auch der geschlossene Ring beweisen, daß es sich um eine Nachzucht handelt, denn solche Ringe können dem Jungvogel nur bis zu einem Alter von wenigen Tagen übergestreift werden. Danach sind die Zehen bereits zu unflexibel.

Auf dem Ring erkennen Sie auch, in welchem Jahr Ihr Papagei geschlüpft ist. Meist zeigen die letzten beiden eingravierten Ziffern den »Jahrgang« an. Die Zahl davor ist die Mitgliedsnummer des Züchters, der in der Regel einem Zuchtverein angeschlossen ist. Die Buchstaben vor den Ziffern verraten, um welchen Verein es sich handelt (zum Beispiel DWV heißt Deutscher-Wellensittichzüchter-Verein).

Einige Züchter ziehen es vor, die Jungvögel erst nach dem Ausfliegen aus dem Brutkasten zu beringen. Sie benutzen dann offene Ringe. Ein offener Ring heißt also nicht, daß der Papagei nicht hier gezüchtet wurde. Auch die legalen Importvögel, etwa aus der Tschechoslowakei, wo sehr viele Papageien gezüchtet werden, sind meist offen beringt. Ebenso werden genehmigte Wildfänge und Importtiere aus den Tropen in der Quarantänestation, die sie alle ausnahmslos durchlaufen müssen, offen beringt.

Der Grund, daß alle Psittaciden nach unserem Gesetz beringt sein und in einem sogenannten Nachweisbuch geführt werden müssen, hat allerdings nichts mit dem Artenschutz zu tun. Er liegt in einer gefährlichen, ansteckenden Krankheit, der Papageienkrankheit, die von diesen Vögeln auch auf uns Menschen übertragen wird. Wegen dieser Psittacose, wie die Papageienkrankheit heißt, muß die Zucht aller Papageienvögel amtlich genehmigt werden. (Denken Sie daran, wenn Sie selbst züchten wollen!) Diese Genehmigung gibt meist der Amtstierarzt, wenn er sich überzeugt hat, daß die Zuchttiere psittacosefrei sind, der Antragsteller das Psittacosegesetz kennt, einen Quarantä-

neraum für eventuell erkrankte Vögel nachweisen kann und weiß, daß er seine Nachzuchten beringen und darüber Buch führen muß.

Die Ringe dienen also der amtlichen Kennzeichnung der Papageien und können gegen Vorlage der Zuchtgenehmigung bei den Vereinen oder über den Zentralverband Zoologischer Fachgeschäfte bezogen werden. Gleichgültig, wo Sie Ihren Papagei kaufen, der Verkäufer muß sich von Ihnen Namen und Adresse geben lassen, denn er ist verpflichtet, in seinem Nachweisbuch einzutragen, wohin der Vogel mit der Ringnummer xyz ging.

Und wollen Sie aktiv etwas für den Artenschutz tun: Kaufen Sie am besten nur einen Sittich oder Papagei, der hier gezüchtet wurde. Lassen Sie sich, wenn Sie nicht ganz sicher sind, den Namen und die Adresse des Züchters geben, dann haben Sie nicht nur selbst ein gutes Gefühl, sondern auch die Sicherheit, daß Sie lange Freude an diesem Tier, das sich schon hier akklimatisiert und keine schlechten Erfahrungen mit den Menschen gemacht hat, haben werden. Außerdem vermeiden Sie das Risiko, sich eventuell strafbar zu machen, indem Sie einen nicht genehmigten Importvogel erwerben.

Was Sie beim Kauf beachten müssen

Wenn Sie die Lebenserwartung eines Papageis bedenken, ist es eigentlich nur logisch, daß Sie nicht gleich den ersten angebotenen Vogel nehmen. Er wird schließlich mindestens ein Jahrzehnt bei Ihnen sein. Je sorgfältiger Sie ihn auswählen, desto mehr und länger werden Sie Freude daran haben.

Ihren Papagei oder Sittich erwerben Sie entweder im Zoofachhandel oder direkt beim Züchter.

Wellensittiche sind in der Regel im Handel wesentlich preiswerter als beim Züchter, dafür sind sie oft nicht mehr ganz jung und nicht so leicht zähmbar wie die Tiere, die der Züchter abgibt. Bei den anderen Papageienarten ist es genau umgekehrt: sie sind preiswerter beim Züchter als im Handel. Dafür beschafft Ihnen ein guter

Die Wildfarbe der Wellensittiche ist graugrün.

Je länger Nymphensittiche in der Gesellschaft von Artgenossen gelebt haben, desto schwerer gewöhnen sie sich an die Einzelhaltung.

Ein gesunder Graupapagei hat glänzende Augen und ein enganliegendes Gefieder. Er sollte einen aufgeweckten, neugierigen Eindruck machen.

Zoofachhändler schnell alle im Anhang beschriebenen Arten, während Sie den richtigen Züchter in Ihrer Nähe erst suchen müssen.

Wie nicht oft genug betont werden kann, sollte der Vogel so jung wie möglich sein, damit er leicht und schnell zahm wird. Je älter die gekauften Papageien sind, je länger sie bereits mit Artgenossen zusammenlebten, desto schwerer werden sie zahm. Schlechte Erfahrungen, die sie mit dem Menschen gemacht haben, vergessen die Vögel, die ein sehr gutes Gedächtnis haben, lange nicht, manchmal nie.

Auf den Kauf eines Wildfangs sollten Sie nicht nur wegen des Artenschutzes verzichten. Solche Vögel haben meist viel durch den Menschen gelitten und bleiben deshalb jahrelang scheu. Sie reagieren oft bereits mit wilder Panik, wenn der Besitzer nur die Sitzstangen erneuert.

Immer häufiger werden – direkt von den Züchtern und im Fachhandel – »handaufgezogene« Papageien angeboten, die Sie bereits zahm kaufen können. Solche Vögel wurden bereits kurz nach dem Schlüpfen aus dem Nistkasten geholt und vom Menschen großgezogen. Hauptsächlich bei den »Großen«, Kakadu, Graupapagei, Amazone, sind solche extrem verschmusten, zauberhaften Handaufzuchten immer häufiger.

Ihr neuer Freund sollte aber nicht nur jung, sondern auch gesund und vernünftig gehalten sein. Sehen Sie sich deshalb die Haltung der Vögel – ob im Zoogeschäft oder beim Züchter – genau an.

Ist der Käfig oder die Voliere überhaupt groß genug, oder drängen sich viel zu viele Vögel auf viel zu wenig Platz?

Das Gefieder eines gut gehaltenen Rosenköpfchen glänzt leicht metallisch und weist nirgends kahle Stellen auf.

Wie steht es mit Sauberkeit und Hygiene? Sind die Stangen frisch und sauber und ist der Sand am Boden nicht schon mehrere Tage alt?

Auch auf Futter- und Wasserschüsseln sollten Sie ein Auge werfen, ob sie frisch und appetitlich aussehen oder etwa schon tagelang nicht mehr gewechselt wurden. Besonders schlimm ist es, wenn die Vögel hineinkoten können und dies nicht sofort wieder in Ordnung gebracht wird. Krank-heiten breiten sich da natürlich doppelt schnell aus. Auch den Kot am Boden sollten Sie sich genauer betrachten. Wirkt er flüssig, schmierig oder nicht wohlgeformt – dann Vorsicht! Es könnte eine Darmerkrankung vorliegen! Lassen Sie sich da nicht von beschwichtigenden Worten des Verkäufers beeindrucken!

Sind die Haltungsbedingungen zufriedenstellend, müssen Sie Ihren Vogel genau betrachten.

Ein gesunder Papagei hat ein vollständiges, glattes und glänzendes Gefieder, glänzende offene Augen und eine saubere Kloake. Vormittags und spätnachmittags ist er äußerst munter. Gehen Sie deshalb

während dieser Zeiten zum Auswählen. Aufgeplustertes Gefieder, das sich auch nicht glättet, wenn Sie sich nähern, halb- oder ganz geschlossene Augen, die vielleicht sogar tränen, oder eine verklebte Kloake deuten auf Unwohlsein oder eine Krankheit hin.

Sind die Federn zerrupft oder fehlen gar einige und zeigt der Vogel sogar kahle Stellen, müssen Sie annehmen, daß er schlecht gehalten wurde oder daß es sich hier um einen sogenannten »Federrupfer« (siehe Seite 67) handelt. Eine Unart, die den Tieren eigentlich kaum mehr abzugewöhnen ist. Auch Schwanz- und Schwungfedern müssen vollständig sein. Hängt ein Flügel schlaff herunter, kann er verletzt oder gar gebrochen sein.

Sehen Sie sich dann den Schnabel und seine Umgebung genau an. Manchmal sitzen nämlich Milben in der Augen- und Schnabelgegend. Beim genauen Hinsehen können Sie vermehrtes Hornwachstum oder gar kleine »Bohrlöcher« im Schnabel feststellen.

Achten Sie darauf, daß der Schnabel nicht zu lang oder zu kurz geraten ist und keine starken Risse im Horn zeigt, vielleicht sogar Mißbildungen aufweist.

Ist das Gefieder rund um den Schnabel sauber, oder ist es verklebt? Ist der Schnabel vielleicht mit Futterresten beschmiert?

Dann ist höchste Vorsicht geboten, denn es kann sich um eine Kropfentzündung handeln.

Achten Sie bitte auf die Zehen und Krallen Ihres ausgewählten Papageis. Verstümmelungen der Füße sind besonders bei den größeren Vögeln keine Seltenheit. Die Füße sind aber für einen Papagei, wie schon erwähnt, sehr wichtig, verkrüppelte Zehen sind deshalb ein schweres Handicap.

Auch der Ernährungszustand ist zu prüfen. Streichen Sie mit den Fingern über das Brustbein oder den Brustkamm (aber nicht beißen lassen!). Fällt das Fleisch richtig ab, ist der Vogel sehr mager; fühlen Sie aber rechts und links eine schöne, feste Muskelpartie, so spricht das für den guten Ernährungszustand und für den Züchter.

Haben Sie sich dann für einen Vogel entschieden, lassen Sie sich die Ringnummer und – falls möglich – den Züchternamen geben. Bei geschützten Arten haben Sie das Recht auf ein CITES-Papier, mindestens aber auf eine Bestätigung, daß es sich um einen genehmigten Vogel handelt. Der Herkunftsnachweis ist für Sie unbedingt notwendig (siehe Seite 24). Bewahren Sie deshalb Ringnummer, Kaufbescheinigung, Züchteradresse und alle weiteren »Urkunden«, die Sie mitbekommen, gut auf.

Heimtransport und Eingewöhnung

Ein guter Züchter oder Händler wird Ihnen Ihren neuen Freund in einer Spezialbox mitgeben, die klein, stabil ist und wenig Licht einläßt. Sie brauchen kein Mitleid zu haben: in der dunklen Zelle fühlt sich der Papagei sicherer als im großen Käfig. Er kann sich auch durch wildes Herumflattern nicht verletzen.

Zu Hause quartieren Sie den Neuling in sein neues Heim um, das fix und fertig ein-

Am schnellsten verliert der neue Hausgenosse seine Scheu, wenn Sie ihn mit Leckerbissen locken.

gerichtet sein sollte (näheres dazu siehe Seite 34), und lassen ihn erst einmal ganz in Ruhe.

Versetzen Sie sich mal in Ihren Neuerwerb: in wenigen Stunden hat sich seine Welt total verändert. Er wurde herausgerissen aus seiner Vogelgesellschaft, in einen Transportkasten gesteckt und findet sich in völlig fremder Umgebung wieder, unter ihm nicht vertrauten Menschen. Was er jetzt am dringendsten braucht, ist also Ruhe und Zeit. Er muß lernen, sich im neuen Käfig zurechtzufinden, die Umgebung außerhalb seiner vier Wände zu erforschen und die ungewohnten

Geräusche wie Straßenlärm, Kinderge-schrei und Gebell usw. als ungefährlich einzustufen. In Käfignähe dürfen Sie und alle Familienmitglieder sich vorerst nur langsam und ruhig bewegen. Sprechen Sie dabei. Papageien erkennen nämlich Mensch und Tier sowohl am Aussehen als auch an der Stimme. Reden Sie leise, ruhig und aufmunternd. Gut ist es, wenn Sie sich grundsätzlich mit einem Erken-nungspfiff und dem Namensruf des Tieres nähern.

Ein handaufgezogenes Papageienbaby braucht meist nur ein paar Stunden, um mit seiner neuen Situation vertraut zu werden, ein normaler Jungvogel einige Tage, Wildfänge, die den Menschen ja als Feind kennengelernt haben und panische Angst vor der Hand, besonders vor dem Handschuh zeigen, bleiben oft jahrelang, mitunter ihr Leben lang scheu.

Zeigt Ihr Vogel Angst, wenn Sie sich ihm nähern, drehen Sie sofort um, reden Sie ruhig und leise weiter und lassen Sie ihm seine Ruhe. Angst zeigen die Papageien auf verschiedene Weise. Sie rücken soweit wie möglich vom sich nähernden Men-schen ab, sie flüchten in die höchste, ent-fernteste Ecke des Käfigs, sie brechen in lautes Panikgeschrei aus, oder sie flattern wild im Käfig herum. Jedes dieser Zeichen bedeutet für Sie: »Zurück!«

Bringen Sie ihm ab und zu einen Futter-happen, den er sehr gerne mag, stecken Sie ihm diesen in die Gitterstäbe und gehen dann wieder. So merkt er allmäh-lich, daß Sie ihm nichts Böses wollen. Mit der Zeit wird er Ihnen schon ganz vorsich-tig entgegenkommen. Erst wenn das der Fall ist, können Sie davon ausgehen, daß er sich eingewöhnt hat.

Das Leben mit einem Papagei

Die richtige Unterkunft

Ob Käfig, Innen- oder Außenvoliere, zwei Bedingungen muß die Wohnung eines Papageis immer erfüllen. Sie muß leicht und gut sauberzuhalten sein und der Vogel soll sich darin wohl fühlen.

Der Käfig darf kein Gefängnis sein

Im Handel gibt es jedes erdenkliche Käfigmodell. Am besten entscheiden Sie sich für einen rechteckigen Käfig, der eine möglichst große Grundfläche hat. (Runde Käfige sehen zwar schön aus, sind aber nicht artgerecht, da sie dem Vogel keinen »Fluchtpunkt« bieten.) Denken Sie daran: einen zu großen Käfig gibt es nicht. Die Höhe des Papageienkäfigs spielt weniger eine Rolle, er wird von dem Vogel sowieso entweder nur in der oberen oder in der unteren Hälfte genutzt. Wählen Sie also lieber einen langen und breiten, dafür weni-

Beispiel für einen zweckmäßigen, gut eingerichteten Sittichkäfig.

Eine von außen einhängbare, praktische Badewanne für Sittiche und Papageien.

ger hohen Käfig. Als Faustregel für die Größe gilt: der Käfig sollte mindestens fünfmal so lang und zweimal so breit und hoch sein, wie der Papagei vom Kopf bis zum Schwanz mißt. Für zwei Vögel gelten ungefähr die gleichen Maße, Sie brauchen also die Käfiggröße nicht zu verdoppeln. Und noch etwas: je weniger Freiflug der Vogel hat, desto größer muß sein Käfig sein. Auf Schönheit kommt es nicht so sehr an wie auf Zweckmäßigkeit.

Der Käfig muß auch leicht zu reinigen sein. Unzugängliche Ritzen, Spalten und kleine Schlitze, in denen sich Pilze oder Ungeziefer halten könnten, sind immer schlecht. So einen Käfig sollten Sie erst gar nicht kaufen. Auch für Bakterien kann der Schmutz und die Feuchtigkeit in solchen Ritzen ein idealer Nährboden sein. Ideal ist ein Käfig, der ganz aus verchrom-

tem Metall besteht. Aber achten Sie darauf, daß die Gitterstäbe auch entsprechend stabil sind, denn Papageien nagen sehr gerne, und wenn die Drähte zu dünn sind, wird etwa ein Nymphensittich sie in Kürze zerlegt haben. Abgesehen davon, daß der Käfig dann unbrauchbar ist, kann sich ein Vogel so auch böse Verletzungen zuziehen. Die Gitterstäbe müssen so eng stehen, daß der Kopf des Vogels nicht durchpaßt.

Bei den praktischsten Modellen läßt sich der Boden über eine Schublade zum Reinigen herausziehen. Wasser- und Futternapf sowie Badewanne sollten von außen einhäng- und wechselbar sein. Plastik- oder Glasplatten, die rund um den Käfig etwa ein Drittel der Höhe der Gitter bedecken, verhindern, daß Einstreu und Futterspelzen in der Wohnung herumfliegen. Bewährt haben sich Käfige mit zwei Türen. In eine können Sie bei Bedarf die Badewanne oder den Brutkasten einhängen. Die Türen sollten so groß sein, daß man gerade noch mit der Hand hineinlangen kann, um einmal schnell Futter und Wasser zu geben.

Querstreben in den senkrechten Käfigstangen ermöglichen dem Papagei das Klettern.

Natürlich muß der Käfig auch »eingerichtet« werden. Neben einem Futter- und Wassernapf sind das wichtigste die Sitzstangen. Die käuflichen Hartholzsitzstangen sind gut geeignet, wenn Sie verschiedene Stärken wählen. Das ist für den Vogel wichtig, damit er seine Fußmuskulatur trainieren und die Krallen abwetzen kann. Nehmen Sie Stangen, die er mit den Zehen ganz umschließen kann, und

solche, die der Vogel nicht ganz umgreifen kann. Auch die Anordnung der Stangen im Bauer ist wichtig, damit der Vogel etwas Gymnastik macht und Bein- und Flugmuskulatur wenigstens in bescheidenem Ausmaß üben kann. Die Stangen sollten so weit auseinander angebracht werden, daß der Vogel von der obersten zur untersten Stange entweder stark hüpfen muß oder sogar etwas fliegen kann. Auch die untere Stange sollte so hoch montiert werden, daß der Vogel sich darauf noch gut bewegen kann. Am höchstmöglichen Punkt des Käfigs sollte auf jeden Fall eine Stange angebracht werden, und zwar so, daß sich der Vogel zwar nicht beengt fühlt, also nirgends mit Kopf und Flügeln anstößt, trotzdem aber einen seinem Instinkt gemäß liebsten Platz – so hoch oben wie möglich – einnehmen kann. Dort fühlt er sich auch am sichersten. Eine zweite gehört in die Mitte und eine dritte möglichst weit unten hin.

Die Stangen sollten ferner nicht über den Futternäpfen oder dem Wassernapf befestigt werden, da es sonst zur Verschmutzung der Gefäße mit Kot kommt, was eine ständige Infektionsgefahr wäre.

Sie können statt der genormten Hartholzstangen auch Naturäste aus dem Garten nehmen, die Sie aber vorher von Krankheitskeimen befreien müssen, indem Sie sie kurz im Backofen auf 80°C erhitzen. (Achten Sie darauf, nur ungiftige Äste einzubringen!)

Glatte handelsübliche Stangen lassen sich leicht reinigen. Die selbstgesägten Äste haben eine rauhe Struktur und sollten wöchentlich gewechselt werden. Futter-, Wasser- und Badegefäß müssen fest im Käfig eingehängt sein. Sogar der kleine Wellensittich wirft sie sonst mühelos um. Im kleinen Käfig können Sie den ganzen Boden mit Vogelsand oder Grit bedecken, in größeren Vogelheimen stellen Sie lieber eine Schale mit Sand in den Käfig.

Ihr gefiederter Freund soll sich im Käfig ja zu Hause fühlen, deshalb wechseln Sie den einmal gewählten Standort möglichst nicht mehr. (Wer mit seinem Vogel ab und zu »umziehen« will, ihn also zum Beispiel im Sommer mit in den Garten oder auf den Balkon nimmt, sollte sich einen zweiten, mobilen Käfig zulegen.)

Vogelvolieren

Wer die Möglichkeiten und den Platz hat, eine Voliere zu bauen, bietet den Vögeln eine artgemäßere Unterkunft, als es ein Käfig sein kann. Der Nachteil einer Voliere ist, daß dort meist mehrere Vögel gehalten werden, und der Kontakt zum Menschen nicht so eng ist. Daher werden Volierentiere in der Regel nicht so zahm wie Käfigvögel. Es würde den Rahmen dieses Buches sprengen, an dieser Stelle Bauanleitungen für Volieren zu bringen, aber einige wesentliche Dinge, die Sie berücksichtigen müssen, sollen doch aufgeführt werden.

O Übervölkern Sie Ihre Voliere nicht, das bekommt den Vögeln nicht.

O Papageien, die in Freivolieren gehalten werden, brauchen einen kälte- und regensicheren Schutzraum.

O Achten Sie bei Freivolieren auch auf schattige Rückzugsmöglichkeiten und Schutz gegen Zugwind.

○ Freivolieren müssen so gebaut werden, daß Mäuse und Ratten nicht hineinkönnen.

○ Regelmäßige Reinigung und Desinfektion ist bei Volieren genauso wichtig wie bei einem Käfig, denken Sie beim Bau daran.

○ Freivolieren sind fast immer genehmigungspflichtig. Fragen Sie also vor dem Bau unbedingt bei Ihrer Gemeinde nach.

○ Berücksichtigen Sie, daß Papageien fast immer sehr laut sind, und sprechen Sie sich vorher mit Ihren Nachbarn ab.

Der richtige Standort

Vogelkäfige und Volieren sollten immer einen festen Standort haben. Dieser soll hell sein und, wenn möglich, dem Vogel Sonne und Schatten bieten. Gewarnt sei vor Zugluft, darauf reagieren Papageien empfindlich. Auch Temperaturschwankungen sind für die Sittiche von großem Nachteil! Vor den meisten Fenstern bekommen die Tiere genügend Licht und sind nur zeitweise der direkten Sonnenbestrahlung ausgesetzt. Ortsveränderungen sollten vermieden werden.

Ebenfalls sollte man, besonders wenn man Zentralheizung hat, darauf achten, daß der Vogelkäfig in einem Raum mit ausreichender Luftfeuchtigkeit (eventuell Luftbefeuchter aufstellen) steht, in dem auch möglichst nicht geraucht werden sollte.

Sehr scheue Vögel fühlen sich in Ecken am sichersten, wenn also zwei Käfigseiten an der Wand stehen. Ganz zahme Tiere dagegen bevorzugen einen Standort, von

In so einer großen Zimmervoliere lassen sich mehrere Sittichpaare problemlos halten.

Wer die Möglichkeit dazu hat, kann für seine Papageien eine solche Freivoliere bauen.

dem aus sie den völligen Überblick haben und alles Geschehen beobachten können. Stellen Sie Ihr Vogelhaus so hoch, daß Sie stehend in Augenhöhe mit Ihrem Gefährten sind, das ist für den Papagei und für Sie am angenehmsten.

Ein zahmer Vogel oder einer, der es werden soll, will da leben, wo sein Besitzer sich am häufigsten aufhält. In kurzer Zeit stellt er seinen Lebensrhythmus voll auf den des Haushaltes ein. Er »weiß«, wann

Zahme Wellensittiche wollen überall dabei sein. Der Standort des Käfigs sollte diesem Bedürfnis Rechnung tragen.

gefrühstückt wird, wann die Schule aus ist, wenn Fernsehzeit ist. Steht der Käfig dagegen im »Abseits«, verkümmert der Vogel und beginnt mit Unarten wie etwa dem Federrupfen.

Die richtige Ernährung

Ein engagierter Züchter oder Fachhändler wird Ihnen beim Kauf eines Papageis oder Sittichs auch Hinweise auf die richtige Ernährung geben. Fragen Sie auf jeden Fall, was bisher gefüttert wurde und welche Leckerbissen Ihr neuer Hausgenosse besonders schätzt.

Die Grundnahrung der Papageien aus den trockenen Zonen dieser Erde, also fast aller im Anhang vorgestellten Arten, besteht aus Sämereien, sie sind also Körnerfresser. Im Fachhandel sind fertige Mischungen für Wellensittiche, Großsittiche und Papageien erhältlich, die den Grundbedarf Ihres Vogels abdecken. Sie sind mit dem für den Papagei lebenswich-

tigen Jod angereichert. Achten Sie beim Kauf vor allem auf frisches Futter, beachten Sie das Verfallsdatum, bevorzugen Sie luftdicht verschweißte Sämereien. Viele Zoohändler verpacken die Mischungen selber. Sie können die Tüten ruhig öffnen. Staub, mehlige Überzüge oder gar Schimmelansätze deuten auf altes oder falsch gelagertes Futter hin. Frische Körner glänzen leicht fettig. Sie liegen locker und staubfrei in der Tüte und müssen würzig, nicht modrig oder ranzig riechen.

Zum täglichen Körnerfutterallerlei sollten Sie Ihrem Sittich ab und zu einen Leckerbissen gönnen. Alle kleinschnäbeligen Arten lieben Kolbenhirse. Für die groß-

Kolbenhirse und Honigstangen sind beliebte Leckerbissen der kleinen Papageien.

Ab und zu ein Stück hartes Brot oder Zwieback mögen viele Papageien genauso gern, wie dieser Graupapagei.

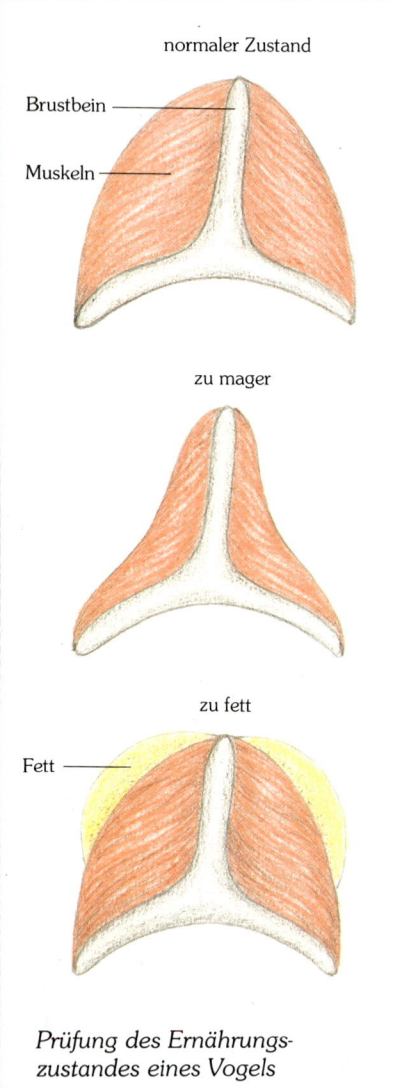

normaler Zustand

Brustbein

Muskeln

zu mager

zu fett

Fett

*Prüfung des Ernährungs-
zustandes eines Vogels*

schnäbeligen Papageien sind Zirbelnüsse, Pistazien und weiße Sonnenblumenkerne Delikatessen. Leider sind genau diese Schmankerl klassische Dickmacher. Sie dürfen dem Vogel nicht zuviel davon geben, sonst setzt Ihr Liebling schnell Fett an. (Bei den Nüssen muß man darauf achten, daß sie nicht gesalzen sind, das würde dem Vogel schaden!)

Den Ernährungszustand eines Vogels prüft man folgendermaßen:

Betrachten Sie die Brustpartie Ihres Papageis oder Sittichs. Wenn Sie deutlich die »Gräte« des Brustbeines erkennen können, sie also praktisch durch die Daunen schimmert, ist Ihr Vogel sehr mager. Ist das nicht der Fall, blasen Sie kräftig gegen Brust und Bauch Ihres Vogels, so daß die Federn die Haut freigeben. Zeigen die »nackten« Partien eine gelbe Färbung, bedeutet das zu starke Fettablagerungen – Ihr Vogel muß abspecken.

Obst, Grünzeug und Gemüse dagegen dürfen Ihre Vögel uneingeschränkt fressen. Geeignet ist das komplette Sortiment an Obst, das auch wir Menschen essen, ebenso alle uns bekömmlichen Beeren. Viele Sittiche und Papageien mögen Karotten besonders gern. Einige Tiere knabbern auch an Sellerie und Tomaten. Bei Salat und Kräutern steht Ihnen wieder die ganze Palette des Marktes zur Verfügung. Aus dem eigenen Garten sind besonders Löwenzahn, Vogelmiere und schwarze Holunderbeeren begehrt. Auch die vorhin schon erwähnten Zweige von Weiden- und Obstbäumen – natürlich ungespritzt – werden als Zusatznahrung gern genommen.

Äpfel werden von fast allen Sittichen und Papageien mit Begeisterung verzehrt.

Wer seinem Papagei noch ein gesundes Extravergnügen gönnen will, läßt ihn »arbeiten«. Samentragende Gräser, Getreidehalme mit reifen Körnern, auch Nadelholzzapfen fordern und fördern die Leistung Ihres Vogels und bewahren ihn vor Langeweile, denn er muß versuchen, an den leckeren Inhalt zu kommen. Für alle Extras aus Feld, Wald, Garten und vom Markt gilt: sie müssen ungespritzt sein oder gründlichst gewaschen werden. Nun ist nicht gesagt, daß Ihr Liebling sich begeistert auf alles Neue stürzt, das Sie ihm anbieten. In der Regel ist er sogar erst einmal mißtrauisch und rührt Unbekanntes nicht an. In hartnäckigen Fällen stellt Sie das auf eine schwere Geduldsprobe. Der Spaß, den Ihr Tier aber hat, wenn es

sich endlich an den neuen Leckerbissen gewöhnt hat, entschädigt Sie für lange Wartezeiten. Probieren Sie es mit einem Trick: »würzen« Sie das neue Angebot, etwa ein Stück Apfel, mit Körnern, oder »panieren« Sie ein Karottenstückchen mit dem gewohnten Futter. Vielleicht läßt sich Ihr gefiederter Freund überlisten und nimmt mit den Körnern auch Obst und Gemüse an.

Keimfutter, das sind Körner, die man in Spezialkeimboxen aus dem Handel quellen und antreiben läßt. Sie sind für alle Papageien eine echte Delikatesse. Vorsicht: weil die Körner stets feucht gehalten werden, um auszutreiben, schimmeln sie auch schnell. Angeschimmeltes Keimfutter werfen Sie bitte weg. Weil die jungen, proteinhaltigen Keimlinge den Bruttrieb der Vögel anregen, denn in der Natur ist diese Art von Futter das Zeichen der einsetzenden Regenzeit, dürfen Sie einem Einzelvogel nicht zuviel und nicht

Mit seinem gewaltigen Schnabel knackt ein Ara sogar Paranüsse.

Vorsicht, wenn Ihr Sittich an Alkohol nippt! Manche Vögel werden süchtig.

zu oft davon anbieten, ihm fehlt ja der Partner zum Brüten.

Als Besitzer eines exotischen Nahrungsspezialisten muß man immer darauf achten, daß der Vogel in der Gefangenschaft genügend Mineralstoffe, Spurenelemente und Vitamine bekommt. Jodmangel zum Beispiel führt zu Schilddrüsenerkrankungen. Deshalb wird auch fast allen Fertigfuttern Jod zugesetzt. Im Handel gibt es vitaminisierte »Kräcker«, Holzstangen, auf die mit Honig Körnermischungen und Nüsse geklebt sind. Die meisten Sittiche knabbern mit Hingabe daran.

Unsere Papageien benötigen auch tierisches Eiweiß, allerdings nur in geringen Mengen. Im handelsüblichen Aufzuchtfutter und in Eibiskuits ist dieses Eiweiß enthalten. Sie können den geringen Bedarf auch über einen Löffel Quark (ungewürzt) oder hartgekochtes Eigelb oder ein Stück Rindfleisch (gekocht, ungewürzt) decken. Gerade die handzahmen sprechenden Papageien wollen mit ihrem Besitzer alles teilen, auch das Essen vom Tisch. Weil wir Menschen aber praktisch alles salzen, sollten Sie sich nicht erweichen lassen. Wenn es unbedingt sein muß, bitte nur kleine Mengen geben, ein Stückchen Brot, eine Nudel (darf auch ungekocht sein), ein Teelöffel Reis, ein winziges Stück Hühnerfleisch.

Seinen Durst stillt der Papagei mit Obst oder Wasser. Sie können Leitungswasser oder ein kohlensäurefreies Mineralwasser anbieten. Wasserzusätze, die Vitamine und Spurenelemente enthalten, sind dann zu empfehlen, wenn Ihr Vogel außer Körnern nichts annimmt, wenn er sehr jung, krank oder geschwächt ist. Bitte halten Sie sich bei solchen Vitamingaben genau an die Herstellerangaben, weil besonders bei den fettlöslichen Vitaminen A und E Vergiftungserscheinungen nach einer Überdosierung auftreten können.

Den notwendigen Kalk nehmen Papageien entweder mit dem Vogelgrit oder über im Käfig eingehängte Sepiaschalen oder Kalksteine auf. Der Grit dient außerdem dazu, im Muskelmagen die aufgenommene Körnernahrung fein zu zerkleinern.

Pflegemaßnahmen

Die weitaus meisten Papageien sind sehr robuste Tiere, die selten erkranken und sich von Erkrankungen oft erstaunlich schnell erholen. Wir müssen sie allerdings richtig pflegen. Voraussetzung ist dabei natürlich, daß wir nur ganz gesunde Vögel kaufen. Und das ist ein weiteres Argument gegen Wildfänge und Importe. Diese Vögel kommen nämlich leider allzuoft bereits vorgeschädigt bei uns an.

Gut aufgezogene, junge Zuchtvögel sind dagegen in der Regel gesund. Vorsichtshalber sollten Sie – egal wie alt der Neue ist und wie gesund er aussieht – eine Kotprobe zum Tierarzt bringen und untersuchen lassen. Würmer, andere Schmarotzer, Bakterien und die Erreger der Papageienkrankheit werden so erkannt. Und denken Sie daran, wenn Sie schon andere Vögel halten: Bevor nicht klar ist, daß der »Neue« keine Krankheiten oder Parasiten einschleppt, muß er in einem Quarantänekäfig untergebracht werden – etwa vier Wochen lang.

Unzertrennliche sind robuste Vögel, die bei guter Haltung kaum krankheitsanfällig sind.

Sauberkeit ist wichtig

Damit ihr neuer Freund gesund bleibt, braucht er ein Mindestmaß an Hygiene. Trink- und Badewasser müssen täglich erneuert werden. Dabei sollten die Gefäße mit heißem Wasser ausgespült werden. Bei Zimmertemperatur vermehren sich Krankheitserreger im Wasser ungeheuer schnell, deshalb erneuern Sie die Näpfe auch, wenn sie scheinbar nicht genutzt wurden.

Auch der Kot sollte von Stangen und Näpfen täglich entfernt werden. (Einzige Ausnahme: Wenn die Tiere brüten bzw. Junge haben, sollte man sie nicht mehr als unbedingt nötig beunruhigen, da sonst die Gefahr besteht, daß sie ihre Jungen nicht mehr aufziehen.)

Das Futtersilo spülen Sie mindestens alle zwei Tage gründlich. Täglicher Futterwechsel ist schon allein deshalb nötig, weil die meisten Vögel die Spelzen und Hülsen der Körner im Napf lassen und so weiter unten liegendes Futter nicht mehr erreichen. Die Vögel verhungern dann vor gefüllten Näpfen.

Bei Freivolieren ist es besonders wichtig, altes Futter regelmäßig zu entfernen, da sich sonst Mäuse oder Ratten ebenfalls bedienen, und damit könnte sich eine Plage einstellen, der man nur sehr schwer Herr werden kann. Einmal pro Woche wird der Sand erneuert, werden Sitzstangen und Spielgeräte gründlich gereinigt. Und sobald Ihr Vogel sich eingewöhnt hat und sein Zuhause einige Stunden entbehren kann, waschen Sie den ganzen Käfig mit heißem Wasser ab. Wenn Sie einen Haushaltsreiniger oder ein ungiftiges Des-

Der Vogelkäfig muß einmal pro Woche gründlich gereinigt werden.

infektionsmittel zur Reinigung benutzen, spülen Sie die Teile zum Schluß noch einmal gründlich mit klarem Wasser ab. Diesen großen Hausputz wiederholen Sie einmal monatlich.

Gefiederpflege

Die eigentliche Gefiederpflege besorgt Ihr Vogel selbst (siehe Seite 10). Nicht alle Papageien benutzen die angebotene Vogelbadewanne. Einige bevorzugen die Dusche, sie baden gerne »im Regen«. Vor dem wöchentlichen Sandwechsel sollten Sie solche Tiere mit einer Blumenspritze,

die Sie mit lauwarmem Wasser füllen, abduschen. Lassen Sie sich von anfänglichen Mißerfolgen nicht beirren: Ihr Papagei gewöhnt sich schnell an die Dusche und wird sie bald genießen. Das Wasser ist wichtig, um abgestorbene Federteile aus dem Gefieder zu spülen. Zahme Vögel lieben eine Dusche unter dem fließenden Wasserhahn oder der Brause der Badewanne. Einige Papageien lieben es, auf einem Salat- oder einem mit Wasser benetzten Baumblatt zu baden. Durch

Als typischer Regenwaldbewohner genießt die Amazone das wöchentliche Duschbad.

Aalen befeuchten sie ihren ganzen Körper. Papageien aus extrem trockenen Gebieten wiederum nehmen zwischendurch ein Bad im Vogelsand. Auch das dient der Gefiederpflege. Ihre Krallen wetzen die Papageien auf verschieden dicken Stangen oder dem Käfigboden ab. Zu lange Krallen wachsen spiralig und müssen geschnitten werden. Bei allen Vögeln mit hellen Krallen können Sie das selbst. Schneiden Sie die Kralle mit einer Herrennagelzange (Nail-Clip) einige Millimeter unter der Stelle, wo Sie die Blutgefäße durchschimmern sehen, schräg ab. Wenn Sie trotz aller Vorsicht mal ein Blutgefäß erwischen, versiegeln Sie die Wunde mit blutstillender Watte. Bei Vögeln mit dunklen Krallen übernimmt das Schneiden der Tierarzt.

Auch der Schnabel der Papageien kann gelegentlich zu stark wachsen. In der Regel ist davon der stark gekrümmte Oberschnabel, der im Normalfall den Unterschnabel nur um wenige Millimeter überragen darf, betroffen. Wächst er deutlich weiter, muß der Tierarzt ihn schneiden. Wer seinem Papagei, um ihn flugunfähig zu machen, die Schwungfedern kürzt (die andere Möglichkeit, die Amputation, ist nach dem neuen Tierschutzgesetz verboten), muß diese Prozedur alle drei Monate wiederholen. Das erste Mal sollten Sie sich das richtige Beschneiden vom Tierarzt zeigen lassen, später können Sie es selbst durchführen.

Man schneidet dem Vogel entweder rechts oder links die Schwungfedern ab, die in etwa drei Monaten nachwachsen. Dann wiederholt man das Ganze, aber am anderen Flügel, damit der Sittich sich

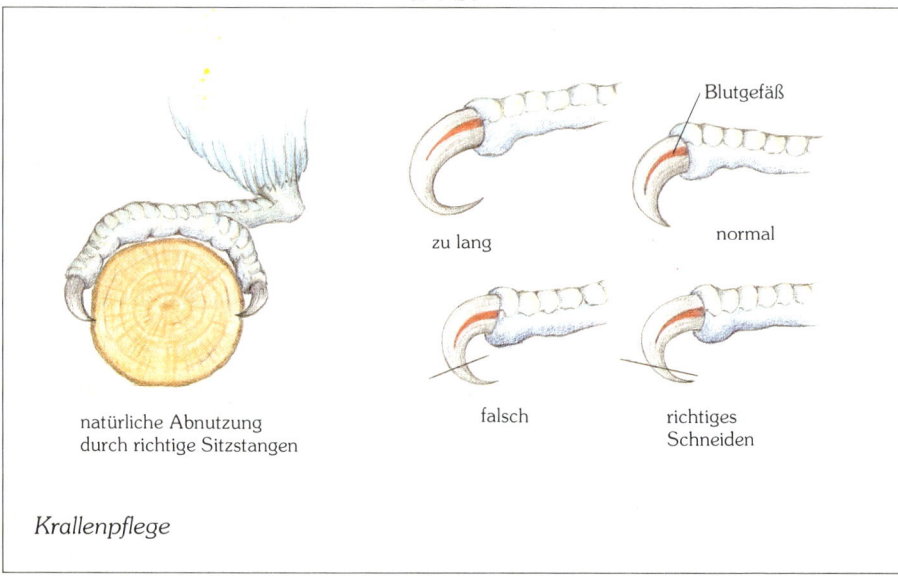

natürliche Abnutzung
durch richtige Sitzstangen

zu lang

normal

Blutgefäß

falsch

richtiges
Schneiden

Krallenpflege

nicht daran gewöhnt, immer nur auf einer Seite weniger Luftwiderstand zu haben, und zum Schluß seinen Besitzer mit eigenartigen Flugkünsten überrascht. Verliert er einmal rechts und einmal links sein Gleichgewicht, kann er sich nicht darauf einstellen. Wenn es aber nicht wirklich unbedingt sein muß, dann sollte man einem Vogel die Schwungfedern nicht stutzen. Schließlich ist Fliegen seine naturgemäße Fortbewegungsart.

Mauser

Im Gegensatz zu den meisten anderen Vögeln, die feste Mauserzeiten – meist nach der Brutzeit – haben, mausern Sittiche und Papageien ganzjährig. Sie wechseln ihr Federkleid nach und nach, stoßen also ständig alte Federn ab, um Platz für nachwachsende zu schaffen. Kahle und nackte Stellen im Gefieder deuten auf Krankheiten oder Verhaltensstörungen hin und nicht auf die Mauser, die ja keine Krankheit, sondern ein normaler Vorgang im Vogelleben ist. Während der Phase des besonders intensiven Federwechsels kann der Papagei müde wirken, er braucht dann besonders vitamin- und mineralstoffhaltiges Futter. Bei Wildvögeln wird der Mauservorgang durch Tageslichtlänge, Luftfeuchtigkeit, Temperatur und Hormone gesteuert. Bei Stubenvögeln kommt er leicht durcheinander. Heizungsluft, Kunstlicht und der fehlende Vogelpartner tragen auch dazu bei. Wenn Ihr Papagei auf Dauer zu stark mausert,

Nur wenn sie genügend Freiflug bekommen, entwickeln Wellensittiche sich zu echten Flugkünstlern.

muß der Tierarzt die Ursachen feststellen und die Störung beheben. Gelegentlich tritt – besonders nach Ereignissen, die den Vogel sehr erschreckt haben – die sogenannte Schreckmauser auf. Hormonell gesteuert, kommt es zu einem plötzlichen Verlust der Federn. Der Vogel ist meist für längere Zeit fast flugunfähig. Sind die Federn aber wieder nachgewachsen, ist sein altes Flugvermögen wieder hergestellt.

Spielzeug und Kletterbaum

Natürlich soll Ihr Sittich auch Spielzeug – also Dinge, mit denen er sich beschäftigen kann – in seinem Käfig haben. Aber denken Sie daran:
Ein kleines Vogelheim darf nicht mit Spielsachen vollgestopft werden. Sie behindern den Vogel mehr, als sie ihm nützen. Im großzügigen Käfig dagegen können Sie Ihrem Liebling ruhig ein paar Anregungen zum Spielen geben.

Ein solcher Kletter-
baum ist nicht nur
ein idealer Lande-
und Spielplatz, er
dient auch zum
Abschleifen der
Krallen und des
Schnabels.

Ganz am Anfang allerdings ängstigen Spielsachen den Vogel mehr, als sie ihn erfreuen. Er hat ja genug damit zu tun, die neue Umgebung zu erkunden. Später kann seinem Spieltrieb aber ruhig Rechnung getragen werden. Sehr beliebt sind Schaukeln, wenn der Käfig genügend Platz dafür läßt. Manche Papageien vollführen tollkühne Kunststücke auf den eingehängten Trapezen und haben sichtlich Freude an den Schwungbewegungen.

Im Handel gibt es noch eine Fülle von Spielgegenständen aus Holz, unter denen Sie wählen können. Spiegel und Plastiksittiche sind zwar besonders bei Wellensittichen sehr beliebt, sie bergen aber auch ein Risiko. Der kleine Sittich sieht in beiden einen Partner, den er auch kräftig anbalzt. Das kann dazu führen, daß er langsamer zahm wird und in Extremfällen sogar den Menschen attackiert, um seinen »Schein«-Partner zu verteidigen.

Auch ein Kletterbaum, außerhalb der Vogelwohnung, wird von den meisten Papageien begeistert akzeptiert. Wählen Sie dazu einen Naturholzstamm mit möglichst vielen Verästelungen in der Krone, an die Sie dünne und dickere Stricke hängen. Der Fuß wird in einen Weihnachtsbaumständer gesetzt. Bei starken, temperamentvollen, größeren Papageien müssen Sie ihn in einen schweren Topf einbetonieren, damit er nicht umfällt.

Bietet die Kletterbaum dem Papagei genügend Abwechslung, wird er auch die Wohnungseinrichtung weitgehend in Ruhe lassen. Weichholzzweige, also Zweige von Weiden und Obstbäumen, sind in jedem Reifestadium nicht nur ein beliebtes Spielzeug, sondern auch

Besonders Wellensittichmännchen finden schnell »Anschluß« an einen Plastikpartner.

gesunde Zusatzkost. Rinde, Blätter, Blüten, Knospen und Früchte werden von den neugierigen Vögeln ausprobiert, angeknabbert, geschält, geknackt. Selbstverständlich dürfen die Zweige nicht gespritzt sein, denn Unkraut- und Insektenbekämpfungsmittel führen bei Vögeln zu tödlichen Vergiftungen.

Zum Wetzen des Schnabels kann man einen Wetzstein in den Käfig hängen. Aber auch an Sitzstangen und Spielzeug wird häufig und gerne der Schnabel gewetzt, weshalb auch diese Dinge immer hygienisch sauber sein müssen.

Versorgung im Urlaub

Haben Sie einen sehr zahmen, anhängli-
chen Papagei, können Sie ihn durchaus
mit in den Urlaub nehmen – vorausgesetzt, die Reise ist nicht zu weit und es
besteht überhaupt die Möglichkeit, den
Papagei am Urlaubsort zu halten. Denn
für einen handzahmen Papagei sind Sie
das wichtigste, und er will überall da sein,
wo Sie auch sind. Ein scheues Tier dagegen vermißt die gewohnte Umgebung
mehr als seinen Besitzer und sollte von
Nachbarn zu Hause versorgt werden.
Wer mehrere Vögel hat, kann sie auch in
eine gute Tierpension geben, sie haben ja
einander. Manchmal nimmt die Tierhand-
lung, in der Sie den Vogel gekauft haben,
den Papagei auch für die Dauer des
Urlaubs in Pflege.

*Wenn es möglich ist, sollten Sie Ihren
Papagei ruhig mit in den Urlaub
nehmen.*

Vom Umgang mit Papageien

Der Mensch als Partner

Das allerwichtigste bei der Zähmung des Vogels ist Geduld und viel Ausdauer. Der Einfluß des Vogelbesitzers ist gerade bei Psittaciden extrem groß, da viele dieser Vögel in der Natur gesellig leben und in Gefangenschaft den Menschen als einzige Bezugsperson haben und oft auch nur ihn akzeptieren.

Wenn Ihr Vogel nach der Phase des Eingewöhnens zum erstenmal ruhig sitzenbleibt, wenn Sie sich dem Käfig nähern, ohne Sie aus den Augen zu lassen, haben Sie schon einen Riesenerfolg zu verbuchen. Jetzt kommt der zweite Schritt: Ihr Liebling muß sich an die Hand gewöh-

Bevorzugte Landeplätze beim Freiflug sind Kopf, Hand und Schulter.

nen. Inzwischen haben Sie sicher herausgefunden, welche Leckerbissen er bevorzugt. Diese füttern Sie jetzt nicht mehr, sondern reichen Sie immer dann, wenn Sie auf den Käfig zukommen, durch die Gitterstäbe. Aus Appetit, Neugier und mit zunehmendem Vertrauen wird der Vogel zunächst einmal einen langen Hals machen, den Happen aber erst nehmen, wenn Sie wieder weggehen. Bis schließlich Vertrauen und Gier siegen: schnell und vorsichtig holt er sich sein Schmankerl und eilt zurück auf seinen Stammplatz. Nächster Schritt: versuchen Sie, mit einer Sitzstange, einem Ast oder gleich mit der Hand und einem Leckerbissen als Lockmittel, den Vogel zum Aufsteigen zu bewegen. Wer mit der Stange anfängt, zieht diese täglich ein Stück weiter auf sich zu, wer mit der Hand beginnt, streckt sie täglich ein bißchen weiter vor. Bald wagt der Vogel den entscheidenden Schritt und steigt um. Sie haben gewonnen. Ab jetzt wird er Sie täglich weitererobern, denn er hat Vertrauen gefaßt. Die Schultern und der Kopf sind meist bevorzugte Landeplätze solcher zahmer Papageien. Aber denken Sie daran: lassen Sie sich nie dazu verführen, den Vogel fest zu greifen oder gar im Käfig nach ihm zu haschen, solange er nicht handzahm ist. Sie können sonst wieder von vorne anfangen, und das unter erschwerten Bedingungen. Und vergessen Sie nicht, während all der Zähmungsübungen leise und ruhig zu sprechen und nach Möglichkeit eine Erkennungsmelodie zu pfeifen. Das wird Ihnen

Das Zähmen eines Papageis erfordert viel Geduld und liebevolle Zuwendung.

Das Gefiederkraulen, besonders in der Nackengegend, ist für zahme Sittiche die schönste Liebkosung.

beim späteren Sprechunterricht nützen. Zahme Vögel betrachten den Menschen als Partner und fordern viel Aufmerksamkeit und Zuwendung.

Viele Sittiche lieben es geradezu, wenn man sie vorsichtig am Kopf oder Hals krault. Das machen sonst die Artgenossen in der freien Natur. Viele kommen geradezu und »betteln« um ihre Streicheleinheiten. So schön ein handzahmer Papagei ist, so viel Verantwortung bedeutet er auch für seinen Besitzer, der ihm in der Regel all das geben muß, was in der freien Natur die Artgenossen tun würden.

Der Sprechunterricht

Wie lernt Ihr Vogel jetzt am schnellsten sprechen? Wenn Sie Ihren Hausgenossen richtig eingewöhnt haben, kennt er ja bereits Ihre Stimme, Ihren Tonfall und verbindet seinen Namen schon mit Ihrem Kommen. Meist sind die gelehrigen Vögel, die ja von sich aus soviel Kontakt wie möglich zu ihrem Partner suchen, schon dabei, einfach zu imitierende Geräusche wie einen Pfiff oder Vogelgezwitscher von draußen nachzunahmen. Führen Sie jetzt eine regelmäßige Unterrichtsstunde ein.

Das Küßchengeben schätzen viele Papageien, doch aus Hygienegründen sollte man darauf verzichten.

Am besten geeignet ist der Spätnachmittag, wenn Papageien besonders aufnahmefähig sind.

Warten Sie, wenn Sie sich genähert haben, bis der Vogel in Ihre Nähe rückt. Meist legt er das Köpfchen schief und blickt Sie unverwandt an. Blinzeln Sie ein- oder zweimal, das beruhigt ihn zusätzlich, und beginnen Sie dann mit dem Unterricht. Langsam und deutlich sprechen Sie immer wieder dieselben Worte im selben Tonfall. Zunächst wird Ihr Schüler sehr still sein. Man spürt, wie erstaunt er zu erfassen sucht, was im Augenblick vor sich geht.

Wiederholen Sie Ihre Unterrichtsstunden täglich, immer um die gleiche Zeit.

Die ersten Imitationsversuche zeigen sich bei den meisten Papageien durch plötz-

liche Aufregung, nervöses Hin- und Hertrippeln auf der Stange und zusätzliches Aufplustern. Einige Schüler bekommen einen richtig dicken Kropf vor Anstrengung. Das ist der richtige Zeitpunkt, sie kräftig zu ermuntern.

Ermüden die Vögel dagegen (das merken Sie an Ablenkungsmanövern wie Bearbeitung des Spielzeugs oder plötzlichem Fressen), brechen Sie den Unterricht ab.

Das erste Wort fällt meist dann, wenn Sie es nicht erwarten, wenn der Vogel sich nämlich tagsüber vernachlässigt fühlt. Die

vorgesprochenen Worte verbindet er ja mit Ihrer Zuneigung. Nie sind Sie ihm so nahe und so stark auf ihn konzentriert wie während der Unterrichtsstunden. Folglich versucht er, Ihre Aufmerksamkeit durch Imitieren zu fesseln. Hat er die ersten Worte und Pfiffe gelernt, gibt es fast nichts mehr, was er nicht nachzuahmen versucht. Von der Türklingel über Werbeslogans im Rundfunk, Erkennungsmelodien von Fernsehserien bis hin zu Redensarten, die oft in der Familie verwendet werden, nimmt er alles in sein Repertoire auf. Wichtig ist jetzt, daß Sie ihm weiter seine Stunden gönnen, die Zeit also, in der Sie ihm ganz gehören, denn nur das will er ja erreichen.

Will man seinem Vogel das Sprechen beibringen, darf er bei der Unterrichtsstunde durch nichts abgelenkt werden.

Man sagt zwar, daß Männchen besser sprechen lernen als Weibchen, aber ich glaube, es kommt nur darauf an, wie intensiv man sich mit seinem Tier abgibt und wieviel Geduld man mitbringt.

Auch gibt es besonders sprechbegabte Sittiche und weniger begabte. Auch Vögel sind kleine Persönlichkeiten, und was der eine sehr schnell lernt, das lernt der andere nie.

Häufig werden in Zoofachgeschäften sogenannte Sprechkörner angeboten, die das Lernen beschleunigen sollen. Sicherlich schaden sie den Vögeln nicht, aber zum schneller Sprechenlernen kann einzig und allein die Geduld des Besitzers beitragen und die Begabung des Vogels. Sonst nichts!

Wer einen sprechenden, handzahmen Papagei hat, trägt eine große Verantwortung. Sollten Sie absehen können, daß Ihnen auf Dauer nicht genug Zeit für Ihren gefiederten Freund bleibt, können Sie folgendes tun: Holen Sie sich einen Jungvogel Ihrer Wahl, zähmen Sie ihn, lehren Sie ihn sprechen. Wenn er etwa ein Jahr bei Ihnen ist, setzen Sie einen zweiten Jungvogel dazu. Keine Angst, Ihr Einjähriger wird deswegen nicht wieder »wild«. Möglich ist allerdings, daß er allmählich eine weniger ausgeprägte Anhänglichkeit an Sie zeigt, wenn Sie sich nicht mehr so intensiv mit ihm beschäftigen. Das einmal gefaßte Zutrauen zum Menschen verliert er aber nicht mehr. In der Regel läßt sich der zweite Vogel viel schneller und leichter zähmen, wenn er auch nicht sprechen lernt. Er wird sich auf seinen Vogelpartner konzentrieren und den Menschen als »Schwarm« akzeptieren.

Freiflug

Wer seinen Vogel lieb hat, möchte ihm natürlich möglichst bald Bewegung gönnen und ihn im Zimmer fliegen lassen. Doch fast alle Neuankömmlinge haben zuerst viel zuviel Angst und verlassen den Käfig nicht, auch wenn die Tür offensteht. Zwingen Sie Ihren Sittich nicht heraus. Auch wenn es gut gemeint ist, stürzt es ihn doch in Panik und verunsichert ihn. Vögel, die sich bereits in ihrem Käfig zu Hause fühlen, unternehmen dagegen gerne Ausflüge durchs Zimmer, besonders zu ihren Menschen hin. Wenn sie müde und hungrig sind, suchen sie ihr Heim genauso gerne wieder auf. Ein nicht handzahmes Tier sollten Sie außerhalb des Käfigs nicht füttern, damit es auf jeden Fall freiwillig zurückkehrt und Sie es nicht fangen müssen. Sollte das doch einmal notwendig werden, nutzen Sie am besten die Nachtblindheit der Vögel. Verdunkeln Sie den Raum und löschen Sie dann plötzlich das Licht. Der hilflose Papagei bleibt sitzen, wo er ist, und läßt sich »pflücken«. Besser lassen Sie das einen anderen Menschen ausführen,

Amazonen brauchen viel Platz und Gelegenheiten zum Fliegen, sonst erschlaffen die Flugmuskeln.

damit der Vogel Ihnen gegenüber nicht mißtrauisch wird. (Auch wenn der Netzkescher benutzt werden muß, beauftragen Sie immer eine andere Person mit dem Fangen.)

Bei den ersten Freiflügen sollten Sie die Gardinen (Stores) vorziehen oder– falls Sie keine haben – die Fenster mit Tüchern etwas abdecken, damit der Vogel nicht aus Unkenntnis dagegenfliegt. Kennt er den Raum, wird er meist auch die Fenster als Hindernis respektieren. Aber noch andere Gefahren gibt es für den freifliegenden Papagei.

Vergiftungsfälle sind gerade bei diesen neugierigen, verspielten Vögeln häufig, weil sie gerne an allem knabbern. Blei zum Beispiel ist ein tödliches Gift. Es findet sich in den Bleischnüren der Vorhänge, in Teppichen, in Zigaretten- und Schokoladenpapier. Giftpflanzen sollten aus Haushalten mit freifliegenden Papageien entfernt werden. Obwohl es noch keine gesicherten Beweise für die Gefährlichkeit solcher Pflanzen für Vögel gibt, gelten Oleander, Weihnachtsstern, Hibiscus und die Dieffenbachia als ungeeignete Zimmerpflanzen in einem Haushalt mit freifliegenden Vögeln. Schauen Sie in Zweifelsfällen in einem guten Pflanzenbuch nach.

Sehr oft vergiften sich Papageien durch Farben, Lacke, Klebstoffe, die sie beim Benagen von Holz zu sich nehmen. Ihre Neugier treibt sie auch zu Haushaltschemikalien wie Reinigungsmitteln, Petroleum, Benzin. Gefäße mit solchen für unsere Vögel meist tödlichen Giften müssen sicher verschlossen untergebracht sein. Das gleiche gilt für Medikamente. Bieten Sie Ihrem Papagei niemals Medi-

Wenn der erste Wellensittich zahm ist, wird sich der Neuzugang nach diesem Vorbild richten und auch schnell zahm sein.

zin an, die Ihnen vielleicht hilft. Arzneimittel dürfen Sie nur nach Absprache mit Ihrem Tierarzt verabreichen.

Auch Lampen und Heizungen können dem Vogel gefährlich werden, weil er sich an ihnen verbrennen kann. Besonders in der Küche muß man darauf achten, daß der Vogel nicht auf heißen Herdplatten landet.

Und noch etwas: Viele Papageien gehen auch gern einmal zu Fuß durch die Wohnung, und so mancher zahme Sittich wurde von seinem Besitzer totgetreten, da dieser nicht bemerkt hatte, daß ihm der

Papageien knabbern an allem, was sie finden. An dieser Zigarettenschachtel ist alles Gift für sie: das Nikotin, das Cellophan und die Alufolie.

Vogel folgt. Auch das Hinterherfliegen endete für manchen zahmen Sittich mit dem Tod, da er vom unachtsamen Besitzer in der Tür eingeklemmt wurde.

Auch auf Vasen oder wassergefüllte Töpfe muß man achten; die neugierigen Vögel untersuchen alles und sind schnell hineingefallen und ertrunken. Es ist auch schon vorgekommen, daß der ahnungslose Besitzer seinen Papagei im Schrank oder einer Schublade eingesperrt hat.

Eine Besonderheit aller Vögel, die Luftsackatmung, führt im Haushalt leider auch oft zu Vergiftungsfällen. Beim Vogel strömt die eingeatmete Luft über die Bronchien und Lungenflügel in Luftsäcke, die den ganzen Körper ausfüllen und sich teilweise sogar in die Knochen einstülpen. Der Vogel kann sich praktisch wie ein Ballon aufpumpen. Im Verhältnis zur Körper-

größe nimmt er also riesige Mengen Luft mit jedem Atemzug auf und damit auch die Schadstoffe, die dann über den Blutkreislauf in die Leber wandern. Beim Basteln, Heimwerken und Renovieren werden durch Klebstoffe und Farben Giftstoffe an die Luft abgegeben, die sich mit jedem Atemzug des Vogels in seinem Körper anreichern. Was bei uns zu Kopfschmerzen führt, ist für ihn bereits tödlich. Die Tiere müssen deshalb unbedingt aus Räumen, in denen mit Kleber oder Farbe gearbeitet wird, entfernt werden. Und bevor sie wieder einziehen dürfen, muß der Raum gründlich gelüftet werden.

Eine Lande- und Sitzstange auf dem Käfig wird beim Freiflug bald zum Lieblingsplatz Ihres Papageis werden.

Ein paar Worte zur Zucht

Wer ein Papageienpaar oder eine Gruppe hat, wird sie früher oder später zum Brüten anregen wollen.

Dazu brauchen Sie zunächst einmal einen Brutkasten, den Sie in Spezialgeschäften in allen Größen kaufen können. Hängen Sie den Kasten möglichst hoch im Käfig auf, damit er bezogen wird.

Damit Sie ihn kontrollieren können, ohne die Vögel mehr als nötig zu stören, sollte er von außen angebracht werden. Während der Brut und Aufzucht brauchen die Eltern natürlich optimales Futter, das mit Aufzuchtfutter angereichert sein muß. Stören Sie die brütenden Tiere so selten wie möglich, auch wenn das auf Kosten der Hygiene geht. Denken Sie daran, daß die Zucht aller Papageienarten genehmigungspflichtig ist, die Jungvögel beringt werden müssen und ein Nachweisbuch über die abgegebenen Jungvögel Pflicht ist (siehe Seite 24).

Auf alle Aspekte der Papageienzucht einzugehen sprengt den Rahmen dieses Buches. Wenn Sie planen zu züchten, setzen Sie sich am besten mit einem erfahrenen Züchter in Verbindung, dessen Adresse Sie bei den Vereinen erhalten können. Er kann Ihnen praktische Tips geben und in Notfällen helfen.

Wer ein Pärchen hat und Nachwuchs verhindern will, darf auf keinen Fall einen Brutkasten anbieten. Legt das Weibchen trotzdem Eier, schütteln Sie diese kräftig, damit sich keine Frucht entwickeln kann. Bitte nehmen Sie die Eier nicht gleich weg, ein brutlustiges Weibchen legt sonst immer wieder nach. Lassen Sie die Papa-

Das Einflugloch des Nistkastens muß weit genug von der Eimulde entfernt liegen, damit die Eltern beim Betreten des Kastens ihre Eier nicht zerdrücken.

Der jüngste Wellensittich ist noch blind und nackt, wenn das älteste seiner Geschwister bereits die ersten wackeligen Gehversuche macht.

geienmutter ruhig ein bis zwei Wochen auf den Eiern brüten – es können ja keine Jungvögel schlüpfen.

Das gleiche gilt für einzeln gehaltene Weibchen, deren Eier ja ohnehin unbefruchtet sind.

Wenn das alles das Weiterlegen nicht verhindert, kann der Tierarzt durch Hormongaben helfen.

Männliche allein gehaltene Papageien reagieren ihren Bruttrieb am menschlichen Partner ab. Beim Wellensittich zeigt sich das im Hervorwürgen des Futters. Andere Papageien »imponieren« dem Menschen durch Aufplustern des Gefieders, Staksen auf der Stange, Liebesgaben in Form frischer Zweige oder deli-

kater Körner. Die ganz großen können sogar recht böse werden, wenn der menschliche Partner auf die Werbung nicht reagiert. Natürlich kann da ein Vogelpartner Abhilfe schaffen. Wo das aber nicht möglich ist, wird wiederum der Tierarzt versuchen, durch Hormone die »Liebesgefühle« der Vögel in Grenzen zu halten.

Nicht alle Papageienarten müssen unbedingt einen Partner haben, um ihr Leben zu genießen. Auch einzeln gehaltene Tiere können sehr »glücklich« leben. Wichtig ist, daß Sie Ihrem Vogel genügend Zuwendung geben, damit er das Leben, für das er geschaffen wurde, nicht allzusehr vermißt.

Probleme mit Papageien

Auch wenn man meint, alles richtig gemacht zu haben, kann es immer mal wieder Probleme mit den intelligenten und deshalb anspruchsvollen Papageien geben. Das recht häufige Problem des Federrupfens wird ab Seite 67 ausführlich besprochen. In Extremfällen hilft tatsächlich nur die Trennung vom Vogel. In völlig neuer Umgebung blühen solche Rupfer erstaunlicherweise oft wieder auf.

Schreien und Beißen ist vor allem eine Untugend der großen Papageien. Das Kreischen morgens und abends ist »normal«. Wer sich damit nicht anfreunden kann, sollte keinen Papagei halten. Aber auch panische Angst, Einsamkeit und das Rufen nach einem Partner sind Gründe

Auch verschiedene Papageienarten, wie Nymphensittich und Prachtrosella, freunden sich schnell miteinander an.

für Schreien. Eifersucht kann Papageien aggressiv machen. Sie wollen ihren Menschen für sich und »hassen« alle anderen. Wenn geduldiges, ruhiges Zureden nichts bewirkt, hilft fast immer ein weiterer Vogel.

Das Zusammensetzen eines neuen Vogels mit Ihrem Papagei ist aber nicht so ohne weiteres durchführbar. Es hat schon blutige Dramen gegeben, weil Menschen ihrem Vogel mit einem Partner eine Freude machen wollten. Am einfachsten gewöhnen sich zwei Papageien während des Freiflugs aneinander. Sie wohnen in getrennten Käfigen, die in Sichtweite beieinanderstehen, und haben im Freiflug die Chance, sich zu »beschnuppern« oder einander aus dem Weg zu gehen. Wenn ein Paar sich akzeptiert hat, wird der eine mit dem anderen in einen Käfig gehen, und Sie können den zweiten entfernen.

Wo die Möglichkeit des Freifluges nicht vorhanden ist, setzen Sie beide Vögel in einen möglichst geräumigen, für beide unbekannten Käfig. Weil sie jetzt alle zwei sich in fremder Umgebung wiederfinden, müssen sie erst alles erkunden und bauen dabei mögliche Aggressionen ab. Zu kleineren Reibereien kann es allerdings trotzdem kommen. Wer zu wem paßt, dafür gibt es keine Regeln. Grundsätzlich ist es immer am besten, man schenkt seinem Vogel einen Partner der eigenen Art. Aber auch Papageien unterschiedlicher Arten vertragen sich, wobei die Größe keine Rolle spielt. Es gibt Aras, die eng mit Wellensittichen befreundet sind. Das richtige Aneinandergewöhnen ist wichtig. Wählen Sie nach Möglichkeit einen sanften Vogel (siehe Vogelporträts) als Gesellschafter für Ihren Papagei.

Ein Umzug ist für handzahme Vögel kein Problem, sondern eine willkommene Abwechslung. Scheue Vögel reagieren dagegen panisch auf Veränderungen. Lassen Sie so ein scheues Tier während der Aus- und Einzugsarbeiten in der dunklen Transportbox, und stellen Sie den alten, gewohnten Käfig möglichst an einen ähnlichen Standort wie in der alten Wohnung.

Das Nagen ist für alle Papageien natürlich. Sie nutzen ihre starke Kiefermuskulatur eben nach Kräften aus. Beim Freiflug können vor allem die größeren Arten dabei beträchtlichen Schaden anrichten.

Ein attraktiver Kletterbaum, mit frischen Weichholzästen bestückt, eventuell mit Knabberstangen und Kauknochen (meist aus Rinderfaser), lenkt die Sittiche, wenn man Glück hat, von Möbeln, Türen und Fenstern ab.

Wenn Vögel krank werden

Was tun im Krankheitsfall?

Trotz aller Vorsichtsmaßnahmen, trotz bester Hygiene und guter Fütterung ist Ihr Papagei nicht gegen Krankheiten gefeit. Typische Zeichen einer Erkrankung sind aufgeplustertes Gefieder, das sich auch bei Bewegungen des Vogels nicht glättet, Appetitlosigkeit, Niesen, Teilnahmslosigkeit, anhaltender Durchfall, verklebtes Gefieder und Erbrechen.

(Die häufigsten Papageienkrankheiten und Tips, wie Sie sich verhalten sollen und wann der Tierarzt aufgesucht werden muß, finden Sie auf den folgenden Seiten.) Grundsätzlich gilt: Wenn Sie mehrere Vögel haben, muß bei einem Verdacht auf eine Erkrankung der fragliche Vogel sofort isoliert werden, damit er die anderen nicht anstecken kann.

Dauerwärme tut jedem gefiederten Patienten gut und kann als Erste-Hilfe-Maßnahme sofort gegeben werden. Wenn Sie eine Infrarotlampe haben, strahlen Sie damit die eine Käfighälfte an, so daß der Vogel auch wieder aus dem Hitzebereich heraus kann. Statt der Infrarotlampe können Sie auch einen Punktstrahler oder eine kleine Stehlampe mit einer 60-Watt-Birne über dem Käfig anbringen. Testen Sie den richtigen Abstand, indem Sie Ihre Hand unter die Lampe halten. Die Temperatur muß Ihnen auch nach fünf Minuten noch angenehm sein. Wichtig ist, daß das Tier unter der Lampe jetzt keinen Zug bekommt. Stellen Sie den Käfig deshalb in einen vorne und oben offenen Karton, so daß der Patient gegen Zug geschützt ist. Die Vorderseite muß offen

bleiben, damit noch genügend Luft an den Käfig kommt und kein Hitzestau entsteht. Neben Wärme braucht ein kranker Vogel Ruhe und vermehrt Vitamine und Mineralstoffe. Auch Tee mit etwas Traubenzukker und einer Spur von Salz tut ihm gut. Kamillen- und schwarzer Tee werden von den meisten Sittichen gern getrunken.

Wenn Sie mit dem kranken Vogel zum Tierarzt gehen, nehmen Sie auf jeden Fall eine Probe des Käfigbodens mit, die Kot

---

Den Krankenkäfig vor Zugluft schützen. Eine Lampe sorgt für zusätzliche Wärme, aber vorsichtig dosieren, da es dem Vogel sonst zu warm wird.

und Harn enthält. Auch Spuren von Erbrochenem und eine Trinkwasser- und Futterprobe sind für den Tierarzt wichtige Anhaltspunkte. Der Patient selbst sollte entweder in einem kleinen Käfig oder in einer Transportbox befördert werden, damit er sich nicht durch wildes Umherflattern verletzen kann. Der Käfig muß außerdem gut vor Zug geschützt werden.

Decken Sie den Käfig mit einem Tuch ab. Bei kalter Witterung legen Sie eine Wärmflasche oder ein mit Stoff umwickeltes Gefäß mit heißem Wasser in die Box oder den Käfig.
Im folgenden werden die häufigsten Krankheiten, unter denen ein Papagei oder Sittich leiden kann, in alphabetischer Reihenfolge vorgestellt.

Die wichtigsten Vogelkrankheiten

Aspergillose

Dieser Pilz setzt sich im Singrachen, in der Lunge und in den Luftsäcken fest, gelegentlich ist er auch einmal im Darm, in der Milz, den Nieren und der Leber zu finden. Der erkrankte Vogel atmet verstärkt, bekommt Atemnot, wird apathisch, magert ab und erleidet den Erstickungstod, wenn ihm nicht rechtzeitig vom Arzt geholfen wird.

Ballenverletzungen

Wenn der Vogel auf seiner Stange unruhig von einem Fuß auf den anderen steigt und dazu noch ein Füßchen immer wieder anhebt, kann es sich um Druckstellen an den Ballen handeln, die sich unter Umständen sogar zu einem Abszeß entwickeln können. Als Ursachen kommen verschiedene Dinge in Frage. So kann er sich an der Sitzstange oder auf der Heizung oder anderen heißen Gegenständen verletzt haben.

Man kann die Füße des Vogels in diesem Fall in lauwarmem Kamillentee baden oder die Sitzstange, auf der er vorwiegend sitzt, mit einem in Kamillentee oder Heilsalbe (Heilöl) getränkten Leinentuch umwickeln.

Bindehautentzündung

Bindehautentzündung wird durch Zugluft hervorgerufen, kann aber auch bakterielle und virale Ursachen haben. Dem Patienten tränen die Augen. Nach Behandlung mit einer vom Tierarzt verschriebenen Augensalbe klingt die Entzündung ab.

Brüche

Meist handelt es sich bei Vögeln um Flügel- oder Beinbrüche, zu erkennen an der unnormalen, veränderten Gliedmaßenstellung; oft sind die betroffenen Glieder auch geschwollen. Sie sollten so schnell

Der Transportkäfig darf nicht zu groß sein, damit sich der Vogel nicht durch Umherflattern verletzt.

wie möglich den Tierarzt aufsuchen und in der Zwischenzeit durch einen möglichst engen Transportkäfig dafür sorgen, daß der Vogel sich nicht bewegt. Denn durch Bewegungen werden Nerven und Muskeln in der Nähe der Bruchstelle geschädigt, schlimmstenfalls sterben die Gliedmaßen ab.

Drehkrankheit

Dies ist eine leider recht häufige Erkrankung bei Sittichen. Sie wird meist durch Neulinge aus fremden Beständen eingeschleppt, oft auch von Vögeln, die frisch importiert wurden. Bei dieser Krankheit sind die Heilungschancen nicht groß. Die Vögel bewegen sich nur noch sehr unsicher und zeigen allgemeine Symptome von zentralnervösen Ausfallerscheinungen. Die meisten Tiere können nicht mehr

koordiniert fliegen, überschlagen sich und drehen sich im Kreis, Hauptmerkmal ist aber das Verdrehen des Halses.

Durchfall

Durchfall kann durch schlechtes Futter, Vergiftungen, Infektionen mit Bakterien, Viren oder Pilzen, durch Erkältungen, Würmer und (selten) Kokzidien (Einzeller, die Darmentzündung hervorrufen) entstehen. Setzen Sie zunächst das Grün- und Saftfutter ab, und beleuchten Sie eine Käfighälfte mit einer Wärmelampe. Wird der Durchfall nicht besser, muß der Tierarzt die Ursache finden (denken Sie an eine Kotprobe) und wenn möglich behandeln. Oft hilft aber schon ein bißchen schwarzer Tee mit ein wenig Traubenzucker und einer Prise Salz, auch ein Kamillen- oder Eichenrindentee wirkt stopfend. Auf Mineralstoffe und Vitamine sollte man bei einem kranken Tier nie verzichten. Wenn es der Vogel frißt, ist auch ein bißchen Joghurt für die Darmflora sehr bekömmlich.

Federlinge

Diese Parasiten befallen vorwiegend geschwächte, ohnehin schon kranke oder gestreßte Vögel. Sie sind so groß, daß man sie mit dem bloßen Auge erkennen kann. Sie schädigen die Federn, und manchmal kann es sogar zum Ausfall ganzer Federpartien kommen. Der Tierarzt wird Ihnen einen Puder oder ein Spray verschreiben, womit man die Parasiten abtöten kann.

Natürlich müssen auch der Käfig, die Sitzstangen und die Futter- und Wassernäpfe gründlich gereinigt werden, um eine Neuansteckung zu vermeiden.

Federrupfen

Das Federrupfen beobachtet man vor allem bei größeren Papageienarten. Die Vögel beißen sich entweder die Federn ab oder zupfen sie sich samt Kielen aus und rupfen auch jede nachwachsende Feder sofort wieder aus. Meist ist das Allgemeinbefinden sonst gut, die Rupfer sind fröhlich, fressen und wirken gesund.
Die Ursache für dieses Verhalten ist nicht eindeutig geklärt. Die Theorien reichen von Mangelerscheinungen – am häufigsten werden Salz und tierische Eiweiße

Ein Gelbhaubenkakadu, der unter der sogenannten Kakadukrankheit leidet. Hierbei handelt es sich um eine bis jetzt unheilbare Federwachstumsstörung.

Dieser Mohrenkopfpapagei ist ein Federrupfer. Federrupfer zupfen sich oft aus Langeweile fast alle mit dem Schnabel erreichbaren Federn aus.

genannt – über Lufttrockenheit, UV-Mangel, Hormonstörungen, Nervenschäden bis hin zu psychischen Ursachen wie Langeweile, Streß und Einsamkeit. Auch Erkrankungen der Nieren und die damit einhergehende größere Harnsäurekonzentration im Blut scheinen einen so starken Juckreiz auszulösen, daß sich der Vogel fast selber »auffrißt«.
Entsprechend breit ist das Angebot an Behandlungsmöglichkeiten. Wer einen Federrupfer hat, sollte ihn zunächst einmal auf Parasiten und andere Krankheitserreger untersuchen lassen. Danach überprüfen Sie die Futterqualität. Ist in diesen Bereichen alles in Ordnung, müs-

sen Sie andere Behandlungsmöglichkeiten ausprobieren. Manchmal hilft ein Vogelpartner, manchmal die tägliche Dusche oder Ablenkungsmanöver jeder Art. Oft bleibt nur der völlige Umgebungswechsel, also das Weggeben des Rupfers. Sind alle diese Möglichkeiten ausgeschöpft, ohne daß sich Erfolge zeigen, wird häufig empfohlen, einen Halskragen anzulegen. Das soll den Vogel daran hindern, die nachwachsenden Federn gleich wieder auszurupfen. Ich halte diese Maßnahme allerdings für Tierquälerei, denn damit wird nicht nur das Federrupfen, sondern auch die tägliche Gefiederpflege verhindert – ein massiver Eingriff in das natürliche und artgemäße Verhalten eines Papageis. Neuere Beobachtungen haben übrigens gezeigt, daß es auch unter den wildlebenden Papageien Federrupfer gibt. Die Ursachen für diese unschöne Angewohnheit sind also noch lange nicht erforscht.

Fettleber

Die Fettleber, bei Wildvögeln praktisch nicht zu finden, entsteht durch zuviel und zu nahrhaftes Futter, verbunden mit Bewegungsarmut. Bei den meisten erkrankten Vögeln zeigen sich keine Symptome außer Übergewicht und Trägheit. Der Tierarzt kann leberstützende Präparate geben, die aber nicht greifen können, wenn der Vogel nicht gleichzeitig auf Diät gesetzt wird. Reduzieren Sie dabei das Körnerfutter auf je einen Teelöffel morgens und abends beim Wellensittich. Bei größeren Arten geben Sie etwa die Hälfte

des sonstigen Futterangebotes. Kolbenhirse und andere nahrhafte Delikatessen sind tabu. Dafür darf Obst und Grünzeug angeboten werden. Aber auch die Aufnahme von Giftstoffen, zum Beispiel durch Annagen von Möbelstücken, die mit giftigen Farbstoffen gestrichen wurden, oder das Fressen von giftigen Pflanzen, kann zu einer Fettleber bzw. einer Leberzirrhose führen.

Französische Mauser

Diese Krankheit, auch Hopser- oder Rennerkrankheit genannt, trifft ausschließlich junge Wellensittiche. Nach neuesten Forschungen wird sie vermutlich durch ein

---

Vögel, die von der Rennerkrankheit, auch französische Mauser genannt, befallen werden, verlieren die Schwung- und Schwanzfedern und können nie wieder fliegen – nur noch »rennen«.

Virus hervorgerufen, aber auch eine genetische Veranlagung wird diskutiert. Die Jungvögel verlieren Schweif- und Schwungfedern, die sich nur unvollständig oder nie mehr erneuern. Solche Sittiche können lebenslang nicht fliegen. Bis jetzt gibt es keine Heilung.

Fußverletzungen und Schwellungen

Diese Verletzungen entstehen vor allem durch zu eng gewordene Ringe oder dadurch, daß die Vögel mit dem Ring irgendwo hängenbleiben und sich Wunden schneiden. Im Extremfall stoppt ein zu enger Ring sogar die Blutzufuhr und läßt die Beine absterben. Am besten lassen Sie den Ring vom Tierarzt entfernen, dann kann es keine Probleme geben. Lassen

Ringverletzung am Fuß eines Wellensittichs

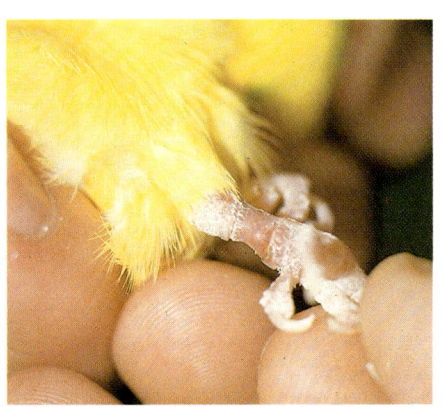

Sie sich das Abnehmen aber bestätigen und den Ring mitgeben. Bewahren Sie die tierärztliche Bescheinigung und den entfernten Ring unbedingt bei Ihren anderen Papageienurkunden auf.

Gehirnerschütterung

Gehirnerschütterung und Schock sind die häufigsten Folgen von Unglücksfällen in der Wohnung freifliegender Papageien. Sitzt Ihr Vogel nach einem Zusammenstoß auffällig still, manchmal auch mit verdrehten Augen auf dem Boden und läßt sich willenlos greifen, nehmen Sie ihn vorsichtig in die Hand, denn die Wärme tut ihm gut. Auf jeden Fall sollten Sie den Tierarzt aufsuchen, der eine Gehirnerschütterung, innere Verletzungen oder Brüche diagnostizieren und behandeln kann.

Gicht

Auch Vögel können unter Gicht leiden, zu erkennen an gelben Gichtknoten an den Füßen, die für den Vogel sehr schmerzhaft sind. Die Ursache ist in einer Erkrankung der Niere zu suchen. Harnsäure wird nicht mehr genügend ausgeschieden, und es kommt dadurch zu Ablagerungen von Harnsäurekristallen unter der Haut und in den Gelenken. Eine Behandlungsmöglichkeit gibt es leider kaum.

Der Befall mit Grabmilben kann – wie hier zu sehen – zu blumenkohlartigen Wucherungen am Schnabel führen. Bei starkem Befall sind meist auch Kloake und Ständer betroffen.

Grabmilben

Grabmilben sind vor allem beim Wellensittich nicht selten. Die Schmarotzer setzen sich zuerst auf dem Schnabel fest, wo sie Verformungen und Wucherungen, die sogenannte Schnabelräude oder Wachshautkrätze, hervorrufen. Den Vogel plagt Juckreiz, und durch das Kratzen verteilen sich die Milben auf alle federlosen Stellen des Körpers. Der Tierarzt bepinselt die befallenen Stellen mit einem entsprechenden Mittel, das die Milben abtötet. Ist der Befall noch nicht allzu schlimm, kann man versuchen, die betroffenen Stellen mit Paraffinöl oder mit Vaseline zu bestreichen. So bekommen die Milben keine Luft mehr und ersticken.

Kropfentzündung

Diese Krankheit ist bei Papageien verbreitet. Der kranke Vogel schüttelt seinen Kopf sehr heftig und verschleudert dabei trüben, zähen Schleim. Das Gefieder, besonders die Kopfpartie, ist verklebt. Der Vogel wirkt oft matt und apathisch. Gehen Sie mit Ihrem Vogel bei Verdacht auf eine Kropfentzündung unbedingt zum Tierarzt. Leider ist die Behandlung langwierig und nicht immer erfolgversprechend. Die Kropfentzündung wird von manchen Wellensittichbesitzern mit einem ganz natürlichen Phänomen verwechselt. Wellensittichmännchen füttern während der Balz und Brutzeit ihre Weibchen, dabei würgen sie Futter aus dem Kropf. Wo das Weibchen fehlt, »bespuckt« der Sittich seinen Ersatzpartner, den Spiegel, einen Plastikvogel und auch den Menschen mit klarem Schleim, in dem sich unverdaute Körner befinden. Krank ist er ganz und gar nicht, er ist lediglich verliebt.

Legenot

Leider kommt es immer wieder vor, daß ein Ei im Eileiter steckenbleibt und nicht den Weg nach draußen findet. Legenot wird vor allem jungen, schwachen, kranken Weibchen und solchen, die zu oft zur Zucht angeregt werden, zum Verhängnis. Die Tiere sitzen dabei in der Regel breitbeinig auf dem Boden, machen einen erschöpften Eindruck. Schwanzbewegungen deuten auf die Anstrengungen, sich des Eies zu entledigen, hin. Kalkarmes Futter, Kälte, zu große Eier oder eine

genetische Veranlagung sind die Ursache. Dies ist ein echter Notfall, denn der Darm wird regelrecht eingeklemmt, so daß der Vogel auch keinen Kot absetzen kann. Sofortige Wärmezufuhr ist wichtig. Der Tierarzt bringt das Weibchen durch Massage zum Ablegen.

Lungenentzündung

Eine Lungenentzündung kann durch eine Erkältung oder durch Infektion oder auch in die Lunge geratenes Futter hervorgerufen werden. Der Vogel zeigt Atemnot, er japst mit offenem Schnabel, atmet geräuschvoll, der Brustkorb hebt und senkt sich deutlich. Der gefiederte Patient ist matt, frißt kaum und trinkt häufig viel. Neben sofortiger Wärme braucht der Patient Antibiotika vom Tierarzt.

Nierenerkrankungen

Typisches Merkmal bei einer Nierenerkrankung ist das breitbeinige Sitzen des Vogels auf der Stange. Auch der Kot verändert sich. Der Nierenanteil des Kotes, der normalerweise eine weißliche Farbe und eine cremige Beschaffenheit hat, wird dünnflüssig bis wäßrig, während der Darmanteil weiterhin die übliche grünliche Farbe und eine normale Formung aufweist. Der Harnsäurespiegel geht in die Höhe, was auch zu Erbrechen führen kann. Auch Juckreiz, der bis zur Selbstzerfleischung gehen kann, wurde beobachtet. Hier muß man auf jeden Fall einen Spezialisten zu Rate ziehen.

Nierentumore

Wellensittiche, und hier bevorzugt männliche ältere Vögel, leiden häufig unter Nierentumoren. Die Kranken sitzen auffällig breitbeinig da, die Beine zeigen Lähmungserscheinungen, die sogenannte »Kußhandstellung«, bei der der Vogel ein Bein nach vorne streckt, ist typisch. Die Vögel magern ab, werden apathisch und trinken viel. In den meisten Fällen kann auch der Tierarzt diesen Vögeln nicht mehr helfen.

Papageienkrankheit

Die wohl bekannteste Vogelkrankheit ist die Psittakose, auch Papageienkrankheit genannt. Diese Krankheit ist auf den Menschen übertragbar.
Erkranken die Vögel akut, sitzen sie meist apathisch im Käfig. Die Augenlider schwellen an, die Augen und auch die Nasenlöcher beginnen zu verkleben, das Futter wird nicht mehr richtig aufgenommen, die Tiere sind müde und plustern sich auf, auch Durchfall kann man beobachten. Meist stirbt so ein Vogel ein bis drei Wochen später. Bei einem Verdacht auf Papageienkrankheit sollten Sie nicht versäumen, den Vogel dann in die Pathologie zu bringen, um ihn auf die genaue Todesursache untersuchen zu lassen. Handelt es sich um die Papageienkrankheit und haben Sie sich angesteckt, kann der Arzt leichter seine Diagnose stellen und entsprechende Medikamente verordnen. Der Erreger, Chlamydia psittaci, wird beim Vogel im Nasensekret und im Kot

gefunden. Es gibt aber auch Sittiche, die diese Krankheit aus eigener Kraft schnell überwinden. Die Symptome sind nach kurzer Zeit verschwunden – jedoch bleibt der Vogel noch sehr lange, wenn nicht sogar zeit seines Lebens, ein Ausscheider dieses Erregers und somit eine Ansteckungsgefahr auch für seinen Besitzer. Der Mensch infiziert sich hauptsächlich über die Atemorgane. Beim Hantieren mit den Vögeln atmet er infektiösen Staub ein, den die Vögel aufwirbeln, aber auch durch direkte Berührung kann es zu einer Infektion kommen.

Erste Krankheitszeichen beim Menschen zeigen sich ein bis zwei Wochen nach der Ansteckung. Die Symptome sind sehr vielfältig. Angefangen mit grippeähnlichen Erscheinungen zeigen sich auch Appetitlosigkeit, starke Kopf- und Gliederschmerzen, Übelkeit mit Brechreiz und eventuell Nasenbluten. Sehr häufig beobachtet werden sehr schwere und untypische Lungenentzündungen, auch Kreislaufschwächen und Durchfälle werden oft erwähnt.

Ist der Mensch einmal erkrankt, kann auch er die Papageienkrankheit weiter übertragen. Die Psittakose ist in der BRD eine meldepflichtige Krankheit! Erkrankte Sittiche (über den Kot nachweisbar) müssen unbedingt in Zwangsquarantäne behandelt werden.

Rote Vogelmilben

Dieser Parasit kommt bei Stubenvögeln sehr selten vor. Hat Ihr Papagei jedoch Kontakt zu wildlebenden Vögeln (zum Beispiel auf dem Balkon oder in der Voliere) und zeigt er sich abends sehr unruhig und nervös, sollten Sie ihn auf Milbenbefall testen: Bedecken Sie den Käfigboden über Nacht mit einem weißen Tuch, und suchen Sie dieses Tuch am nächsten Morgen auf rote (mit wenig Blut vollgesaugte) oder schwarze (viel Blut) bewegliche Pünktchen, also Milben, ab. Bei Milbenbefall verschreibt der Tierarzt ein Mittel, mit dem Sie nicht nur den Vogel, sondern auch seine Umgebung (Näpfe, Käfig, Stangen und Kletterbaum) behandeln müssen. (Damit der Vogel keinen Schaden leidet, müssen Sie alle Gegenstände nach dem Desinfizieren gut mit Wasser abspülen.) Da die Milbeneier aber meist überleben, müssen Sie diese Prozedur noch dreimal wiederholen – am 5., 7. und 12. Tag.

Salmonellose

Die Salmonellose kann von Sittichen auf den Menschen übertragen werden. Besonders junge Tiere erkranken daran. Starke Durchfälle und ein allgemeines, schweres Unwohlsein sind typische Symptome dieser Krankheit. Auch bereits behandelte und gesundete Vögel können noch Ausscheider des Erregers bleiben, und deshalb ist es ratsam, den Kot eines solchen Vogels von Zeit zu Zeit untersuchen zu lassen.

Erkrankt der Mensch, zeigen sich meist heftige Magen- und Darmkatarrhe, Durchfälle und Kreislaufschwächen.

Schnupfen

Schnupfen ist eine häufige Erscheinung bei Papageien. Der betroffene Vogel niest, aus der Nase fließt wäßriger Schleim, die Nasenlöcher verstopfen, ab und zu schwillt die Wachshaut an. Der Patient ist apathisch und schwach. Ursache können Erkältungen und Reizungen durch chemische Stoffe, aber auch eine Infektion mit Bakterien, Viren oder Pilzen sein. Versorgen Sie Ihren Kranken zunächst mit Wärme und Kamillendampfbädern. Dazu decken Sie den Käfig mit einem Tuch ab und stellen eine Schüssel mit nicht zu heißem Kamillenblütenaufguß vor den Käfig. Ist die Flüssigkeit abgekühlt, lassen Sie den Käfig noch 10 Minuten zugedeckt, damit der Vogel keinen Zug bekommt. Klingen die Beschwerden dadurch nicht ab, muß der Tierarzt Antibiotika geben.

Tuberkulose

Die Tuberkulose zählt auch heute noch zu den gefährlichen Krankheiten. Bei Sittichen nimmt sie eher einen chronischen Verlauf. Die Tiere haben wenig Appetit, werden mager und lustlos. Da diese Erkrankung sehr ansteckend ist und auch auf den Menschen übertragen werden kann, muß man die erkrankten Tiere einschläfern lassen!

Wachshautwucherungen

Diese bräunlich gefärbten Wucherungen sind hauptsächlich bei Wellensittichen und hier bei den Weibchen zu finden. Es handelt sich um eine Überproduktion von Horn. Der Tierarzt wird Ihnen eine stark fetthaltige Salbe geben, die ein Aufweichen der Wucherungen bewirkt, so daß Sie das überflüssige Horn leicht abheben können.

Würmer

Viele Papageien, vorwiegend Großsittiche, haben Würmer, ohne daß der Besitzer es merkt. Es treten Luftröhren-, Haar-, Spul- und Bandwürmer auf. Wenn der Befall aber − meist bei einem ohnehin abwehrschwachen Vogel − zu massiv wird, wirkt der Vogel apathisch, er hustet oder magert bei gleichzeitigem Durchfall ab. Die Wurmeier lassen sich über eine Kotprobe nachweisen. Der Tierarzt verschreibt die entsprechende Entwurmung.

Verbrennungen

Brandwunden fügen sich in der Wohnung freifliegende Papageien hauptsächlich an den Füßen zu, wenn sie unvorsichtig auf einer Herdplatte oder einer Heizung landen. Durch den Sand im Käfig infizieren sich diese schmerzhaften Wunden immer neu. Entfernen Sie deshalb bis zum Ausheilen der Wunden allen Grit und legen Sie dafür Küchenrollenpapier ein, das Sie mehrmals täglich wechseln. Am besten, man badet die Füßchen zusätzlich in lauwarmem Kamillentee. Der Tierarzt versorgt schwere Brandwunden mit Salbe und mehrfach zu wechselnden Verbänden.

Anhang: Vogelporträts

Zur Auswahl der vorgestellten Vögel

Auf den nächsten Seiten werden die populärsten Papageien und Sittiche in Wort und Bild vorgestellt. Die Auswahl der Arten erfolgte nach folgenden Gesichtspunkten:

O wird häufig im Handel angeboten

O ist ein nicht zu anspruchsvoller, heikler Pflegling

O ist leicht zu züchten und auch nach Inkrafttreten der neuen Bundesartenschutzverordnung überall problemlos zu erstehen.

Wer also noch nicht ganz sicher ist, welchen Papagei oder Sittich er kaufen möchte, findet in diesen alphabetisch geordneten Kurzporträts die wichtigsten Informationen über die gängigsten Arten und kann so besser entscheiden, welcher Vogel zu ihm paßt.

Blaßkopfrosella

(Platycerus adscitus palliceps)
Heimat: Australien
Länge: 30 bis 32 Zentimeter
Aussehen: Der Kopf ist weißgelb mit blauem Saum, Brust und Bauch sind blau, die Flügel haben eine schwarze Zeichnung. Weibchen sind nicht ganz so intensiv gefärbt. Jungvögel haben einen braunroten Kopf und ebenfalls blassere Farben.
Zähmbarkeit: Einzelvögel werden sehr anhänglich, die Vögel sind sehr leicht zu zähmen.
Sprachbegabung: nicht stark
Stimme: mittellaut, glucksendes Flöten

Nagefreudigkeit: nicht ausgeprägt
Zucht: Die Zucht ist nicht ohne Probleme, da oft die Geschlechter nicht ohne weiteres zu unterscheiden sind. Der Nistkasten (25 x 25 x 30 cm) wird mit Sägespänen ausgepolstert. Das Weibchen legt vier bis sieben Eier, aus denen nach 20 Tagen die Jungen schlüpfen, die mit etwa vier Wochen das Nest verlassen.
Besonderheiten: Besonders während der Brutzeit sind Blaßkopfrosellas sehr aggressive Vögel, die kleinere Arten verletzen können.

Blaßkopfrosella

Blaustirnamazone

Nagefreudigkeit: ausgeprägt und kräftig
Zucht: Die Zucht ist eher problematisch, zumal man die Geschlechter nur schwer unterscheiden kann. Das Weibchen legt drei bis fünf Eier einfach auf den Boden der Nisthöhle (40 x 50 x 50 cm), die es in einem Monat ausbrütet. Erst nach zwei Monaten verlassen die Jungvögel den Kasten, werden aber noch eine ganze Weile von den Altvögeln betreut.
Besonderheiten: Blaustirnamazonen können sehr eifersüchtig reagieren und dann sehr aggressiv auch gegen Menschen werden. Gegenüber anderen Vogelarten verhalten sie sich ebenfalls oft aggressiv.

Blaustirnamazone

(Amazona aestiva)
Heimat: Südamerika
Länge: 36 bis 38 Zentimeter
Aussehen: Der Körper ist kräftig grün gefärbt mit blauer Stirn und gelber Augenumgebung. Bei genauem Hinsehen lassen sich Männchen und Weibchen an der Färbung des Flügelbuges unterscheiden. Beim Männchen überwiegt hier die gelbe Farbe, beim Weibchen die rote. Jungvögel zeigen insgesamt mattere Farben und eine schwarze Iris, die erst später orangerot wird.
Zähmbarkeit: Jungtiere sind leicht zu zähmen, für ältere Tiere braucht man schon eine ganze Portion Geduld.
Sprachbegabung: groß, lernt leicht und sehr schnell
Stimme: sehr laut

Bourkesittich

(Neopsephotus bourkii)
Heimat: Australien
Länge: 20 bis 22 Zentimeter
Aussehen: Die Männchen sind graubraun mit rosaroter Brust und blauer Stirnbinde, die Flügelunterseiten sind bei ihnen hellblau. Weibchen und Jungtiere sind insgesamt blasser gefärbt und haben keine Stirnbinde. Weibchen aller Altersstufen zeigen einen deutlichen weißen Flügelstreifen, der beim ausgefärbten Männchen fehlt. Außerdem ist die Flügelunterseite der Weibchen hellgrau.
Zähmbarkeit: Die Vögel werden freundlich und zeigen keine Scheu, bleiben aber reserviert.
Sprachbegabung: sehr gering
Stimme: extrem leise und angenehm
Nagefreudigkeit: kaum vorhanden

Bourkesittich

Feinsittich

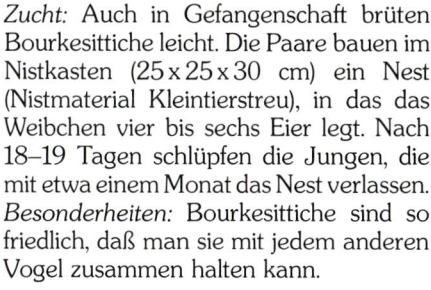

Zucht: Auch in Gefangenschaft brüten Bourkesittiche leicht. Die Paare bauen im Nistkasten (25 x 25 x 30 cm) ein Nest (Nistmaterial Kleintierstreu), in das das Weibchen vier bis sechs Eier legt. Nach 18–19 Tagen schlüpfen die Jungen, die mit etwa einem Monat das Nest verlassen.
Besonderheiten: Bourkesittiche sind so friedlich, daß man sie mit jedem anderen Vogel zusammen halten kann.

Feinsittich

(Neophema chrysostoma)
Heimat: Australien
Länge: 20 bis 22 Zentimeter
Aussehen: Die Männchen sind olivgrün mit breitem, dunkelblauem Stirnband, tiefblauen Flügeldecken, grüngelber Brust, bläulicher Schwanzfederoberseite und gelbgrüner -unterseite. Weibchen zeigen insgesamt blassere Farben und ein schmaleres Stirnband. Jungvögel sind ebenfalls matter gefärbt und das Stirnband fehlt noch.
Zähmbarkeit: Feinsittiche sind freundlich und nehmen Futter aus der Hand, werden aber nicht vertraut
Sprachbegabung: praktisch keine
Stimme: leise, angenehm
Nagefreudigkeit: sehr gering
Zucht: Im Nistkasten (25 x 25 x 30 cm) wird das Nest (Material Kleintierstreu) gebaut. Die vier bis sechs Eier werden 19 Tage bebrütet. Die Jungen verlassen den Kasten nach einem Monat.
Besonderheiten: Feinsittiche sollten viel Freiflug erhalten, weil sie sonst zu Verfettung neigen. Sie sind sehr friedlich und können mit anderen Vögeln vergesellschaftet werden.

Gelbwangenkakadu

(Cacatua sulphurea)
Heimat: Celebes, Sundainseln
Länge: 30 bis 32 Zentimeter
Aussehen: Beide Geschlechter des Gelbwangenkakadus, der auch Kleiner Gelbhaubenkakadu genannt wird, sehen
gleich aus. Das Gefieder ist weiß mit gel-
ben Wangenflecken und gelber Haube.
Der Schnabel ist grau. Männchen erkennt
man an der dunkelbraunen bis schwarzen
Iris, bei Weibchen ist sie rotbraun. Jungvö-
gel haben eine graue Iris und einen weißli-
chen Schnabel.
Zähmbarkeit: Die Vögel sind leicht zu zäh-
men. Sogar Alttiere werden mit der Zeit
anhänglich bis hin zur Aufdringlichkeit. Die
Tiere fixieren sich stark auf eine Person.
Sprachbegabung: mittelmäßig
Stimme: durchdringend laut
Nagefreudigkeit: gewaltig, knacken auch
Käfigdraht
Zucht: Gelbwangenkakadus ziehen in
Gefangenschaft selten Junge groß. Der
Nistkasten (30 x 30 x 40 cm) wird mit
Sägespänen ausgepolstert und das Weib-
chen legt in der Regel zwei Eier. Nach vier
Wochen Brutzeit schlüpfen die Jungen
und verlassen nach zehn Wochen den
Kasten.
Besonderheiten: Gelbwangenkakadus
bewachen eifersüchtig ihre Bezugsper-
son. Fühlen sie sich vernachlässigt, lassen
sie ein lautes Einsamkeitskreischen hören.
Sie sind Ausbruchskünstler, die auch
schon mal die Käfigstäbe durchbeißen.
Wie bei allen Kakadus sind beide Elternteile am Brutgeschäft und der Fütterung
der Jungen beteiligt.

Gelbwangenkakadu

Glanzsittich

(Neophema splendida)
Heimat: Australien
Länge: 19 bis 20 Zentimeter
Aussehen: Die Männchen sind grün, Kopf
und Kehle sind leuchtendblau gefärbt,
Hals und Brust rot, der Bauch gelb und die
Flügel dunkelblau. Weibchen haben einen
hellblauen Kopf, Brust und Hals sind grün,
das Rot fehlt ganz. Die Jungvögel sind
blasser als die Altvögel, die Geschlechter
sind aber bereits erkennbar.
Zähmbarkeit: Die Vögel werden freund-
lich, bleiben aber reserviert.
Sprachbegabung: gering
Stimme: leise, angenehm
Nagefreudigkeit: sehr gering
Zucht: Das Weibchen polstert das Nest
(Nistkasten 25 x 25 x 30 cm) mit Blättern
aus. Nach 18–19 Tagen schlüpfen die

Glanzsittich

Graupapagei

vier bis fünf Jungen, die nach einem Monat den Kasten verlassen.
Besonderheiten: Glanzsittiche vertragen Zugluft sehr schlecht und müssen nach dem Baden oder Duschen warmgehalten werden.

Graupapagei

(Psittacus erithacus)
Heimat: Afrika
Länge: 35 bis 37 Zentimeter
Aussehen: Beide Geschlechter sind grau mit scharlachrotem Schwanz, schwarzem Schnabel und haben eine blaßgelbe Iris. Jungvögel erkennt man an der dunkelgrauen Iris und einem dunkleren Schwanz.
Zähmbarkeit: Das Zähmen ist nur bei Jungvögeln leicht, bei älteren Tieren ist es langwierig bis unmöglich. Handaufzuchten werden extrem anhänglich.
Sprachbegabung: Die Sprachbegabung ist hervorragend. Graupapageien sind die besten Sprecher aller Papageien.
Stimme: sehr laut und schrill
Nagefreudigkeit: groß und ausgeprägt
Zucht: Die Zucht ist nicht ganz unproblematisch, da die Geschlechter nicht zu unterscheiden sind und Graupapageien zudem nicht jeden Partner akzeptieren. Das Weibchen legt in die Bruthöhle (30 x 35 x 35 cm) zwei bis vier Eier direkt auf das Holz. Die Jungvögel schlüpfen nach einem Monat und verlassen das Nest mit etwa sechs Wochen.
Besonderheiten: Graupapageien können bis zu 60 Jahren alt werden. Die Vögel werden leicht eifersüchtig und können sehr fest zubeißen. Bei Erregung verengen und weiten sich die Pupillen.

Mohrenkopfpapagei

Nymphensittich

Mohrenkopfpapagei

(Poicephalus senegalus)
Heimat: Afrika
Länge: 24 Zentimeter
Aussehen: Die Männchen haben einen schwarzgrauen Kopf, leuchtendgelbe Iris, Bauch und Brust sind hellgrün bis gelb gefärbt, in orange übergehend. Weibchen haben manchmal ein etwas matter gefärbtes Gefieder und einen gelbgrünen Unterschwanz. Bei den Jungvögeln fehlt die gelbe Brust, sie zeigen auch insgesamt mattere Farben. Die Iris ist erst schwarz, dann grau, dann graugelb.
Zähmbarkeit: Jungvögel sind leicht zu zähmen, Altvögel bleiben scheu und schreckhaft. Gezähmte Tiere werden extrem menschenbezogen.
Sprachbegabung: nicht sehr stark
Stimme: laut und pfeifend

Nagefreudigkeit: sehr ausgeprägt
Zucht: Die Zucht ist kompliziert, besonders weil die Vögel sehr heikel in ihrer Partnerwahl sind. Die Tiere bauen kein Nest, das Weibchen legt seine zwei bis vier Eier auf den Boden des Nistkastens (25 x 25 x 35 cm). Nach vier Wochen Brutzeit schlüpfen die Jungen.
Besonderheiten: Der Mohrenkopfpapagei reagiert sehr eifersüchtig und kann dann böse zubeißen. Er ist anderen Vogelarten gegenüber nicht sehr verträglich.

Nymphensittich

(Nymphicus hollandicus)
Heimat: Australien
Länge: 30 bis 33 Zentimeter
Aussehen: Der Körper der Wildform ist blaugrau gefärbt mit weißen Flügeldek-

ken. Der Kopf mit der Haube ist bei den Männchen gelb, bei den Weibchen grau mit einem Hauch Gelb. Beide Geschlechter haben einen orangeroten Wangenfleck. Die Federhaube, die bei Erregung aufgestellt wird, erinnert an einen Kakadu. Jungvögel sind – wie die Weibchen – insgesamt matter gefärbt und haben eine rosa Wachshaut. Außer wildfarbenen Nymphensittichen gibt es inzwischen weiße, gelbe, gescheckte und geperlte Zuchtvögel.

Zähmbarkeit: Nymphensittiche sind sehr leicht zu zähmen.

Sprachbegabung: gut

Stimme: Bei ruhiger Stimmung ist sie angenehm, bei Aufregung wird sie schrill.

Nagefreudigkeit: Meist ist sie nicht sehr ausgeprägt, die Vögel sind aber in der Lage, fingerdicke Äste zu durchbeißen.

Zucht: Die Zucht gelingt auch in Gefangenschaft leicht. Der Nistkasten muß 25 x 30 x 20 cm groß sein, als Nistmaterial akzeptieren die Vögel Kleintierstreu. Das Weibchen legt fünf bis sechs Eier im Abstand von jeweils zwei Tagen. Nach 19 Bruttagen schlüpfen die Jungen, die nach vier bis fünf Wochen das Nest verlassen.

Besonderheiten: Im Gegensatz zu vielen anderen Papageien brüten beim Nymphensittich beide Elternteile.

Rosellasittich

(Platycercus eximius)
Heimat: Australien
Länge: 32 bis 34 Zentimeter
Aussehen: Die Männchen sind scharlachrot mit weißen Wangenflecken, schwarzer

Rosellasittich

Flügelzeichnung, blauen Flügeldecken, grüngelbem Bauch und einem blauen Schwanz mit weißer Spitze. Weibchen haben einen braunen Augenring und schmutzigweiße Wangenflecke. Jungvögel zeigen insgesamt blassere Farben, Nacken und Scheitel sind grün.

Zähmbarkeit: Einzelvögel werden sehr freundlich und spielen gerne.

Sprachbegabung: gering.

Stimme: mittellaut, glucksend und flötend

Nagefreudigkeit: nicht stark

Zucht: Die Zucht ist nicht ganz problemlos, weil die Vögel nicht jeden Partner akzeptieren. Die Brutzeit beträgt 20 Tage im Nistkasten (25 x 25 x 30 cm) mit Sägespänen als Nistmaterial. Die Jungvögel verlassen den Kasten nach drei Wochen.

Besonderheiten: Rosellasittiche werden häufig als Prachtrosellas verkauft. Sie sind anderen Vögeln gegenüber aggressiv.

Rosenköpfchen

Stimme: laut und schrill

Nagefreudigkeit: mittelmäßig

Zucht: Die Zucht ist leicht, vorausgesetzt, man hat die richtigen Geschlechter zusammengesetzt. Das Weibchen baut in die Nisthöhle (15 x 15 x 25 cm) aus Weidenzweigen ein großes Zweikammernest. Nach drei Wochen schlüpfen die Jungen, die mit sechs Wochen das Nest verlassen.

Besonderheiten: Rosenköpfchen gehören zu den sogenannten Unzertrennlichen. In der Natur leben sie in enger Gemeinschaft mit dem Partner. Alleingehalten brauchen sie sehr viel Zuwendung. Anderen Vogelarten gegenüber sind sie oft unverträglich oder aggressiv.

Rosenköpfchen

(Agapornis roseicollis)

Heimat: Afrika

Länge: 15 bis 16 Zentimeter

Aussehen: Beide Geschlechter haben einen leuchtendgrünen Körper. Das Gesicht ist rosa und die Schwanzfedern blau. Außer diesen wildfarbenen gibt es inzwischen auch blaue, gelbe, olivgrüne und gescheckte Rosenköpfchen. Die Jungvögel haben etwas blassere Farben und einen schwarzen Schnabel, der erst langsam hornfarben wird.

Zähmbarkeit: Rosenköpfchen sind sehr leicht zu zähmen. Sie werden sogar paarweise gehalten menschenvertraut. Einzelvögel sind extrem menschenbezogen und anhänglich, brauchen aber auch extrem viel Zuwendung.

Sprachbegabung: gering

Schmucksittich

(Neophema elegans)

Heimat: Australien

Länge: 22 bis 23 Zentimeter

Aussehen: Die Männchen sind olivgrün mit grüngelbem Bauch und orangefarbenem Bauchfleck. Sie haben ein breites, dunkelblaues Stirnband und blaue Flügelfedern. Die Weibchen haben ein schmales Stirnband, die Flügelfedern sind eher gräulich. Der Bauch hat keinen orangefarbenen Fleck. Jungvögel zeigen insgesamt mattere Farben, das Stirnband ist nur angedeutet.

Zähmbarkeit: Die Vögel sind menschenfreundlich und ohne Scheu, werden aber meist nicht ganz vertraut.

Sprachbegabung: sehr gering

Stimme: sehr leise und melodisch

Nagefreudigkeit: gering

Schmucksittich

Schönsittich

Zucht: Auch in Gefangenschaft ist die Zucht leicht. Die Vögel brüten im Nistkasten (25 x 25 x 30 cm) mit Kleintierstreu als Nistmaterial. Aus den sechs bis acht Eiern schlüpfen die Jungvögel nach 18–19 Tagen und verlassen den Kasten nach einem Monat.

Besonderheiten: Sehr sanfter verträglicher Vogel, der gerne und gut fliegt und Grashalme als Leckerbissen schätzt. Seine aktivsten Phasen hat er am Spätnachmittag.

Schönsittich

(Neophema pulchella)
Heimat: Australien
Länge: 20 bis 22 Zentimeter
Aussehen: Das Männchen ist olivgrün mit grüner Brust, gelbem Bauch, blauem Kopf, dunkelblauen Schwungfedern und einem roten Schulterfleck. Beim Weibchen fehlt der Schulterfleck und es zeigt blassere Farben. Die Jungtiere sind noch matter gefärbt.

Zähmbarkeit: Die Vögel werden zwar freundlich, bleiben aber reserviert.
Sprachbegabung: fehlt fast ganz
Stimme: angenehm leise
Nagefreudigkeit: kaum vorhanden
Zucht: Die Zucht ist leicht. Die Vögel brüten im Nistkasten (25 x 25 x 30 cm) mit Kleintierstreu als Nistmaterial vier bis fünf Eier aus. Die Brutzeit beträgt 18–19 Tage, die Jungvögel verlassen das Nest nach vier Wochen.

Besonderheiten: Schönsittiche sind nicht so sanft wie Bourke-, Fein- oder Schmucksittiche. Sie vertreiben andere Vögel durch Kreischen, das zwar leise, aber drohend ist, vom Futter- oder Nistplatz.

Singsittich

Singsittich

(Psephotus haematonotus)
Heimat: Australien
Länge: 25 bis 28 Zentimeter
Aussehen: Die Männchen sind leuchtend grünblau gefärbt mit blutrotem Bürzel und schwarzem Schnabel. Die Weibchen sind olivgrün ohne roten Bürzel und haben einen grauen Schnabel. Die Jungvögel zeigen insgesamt mattere Farben, Jungweibchen haben einen gelben Schnabel, Jungmännchen einen grauen.
Zähmbarkeit: Die Vögel verlieren zwar ihre Scheu, bleiben aber eher reserviert.

Sprachbegabung: keine
Stimme: leise und sehr melodisch, leicht plappernd
Nagefreudigkeit: gering
Zucht: Hängt man einen Brutkasten (25 x 25 x 35 cm) auf, schreiten Singsittiche meist zur Brut. Die Eier legt das Weibchen, ohne ein Nest zu bauen, auf den Boden der Bruthöhle. Nach 18–20 Tagen schlüpfen die Jungen, die nach etwa vier Wochen den Kasten verlassen.
Besonderheiten: Singsittiche paaren sich mit anderen Sitticharten wie dem Rosellasittich erfolgreich. Sie sind vorbildliche Eltern und lassen sich als Ammenvögel einsetzen.

Wellensittich

(Melopsittacus undulatus)
Heimat: Australien
Länge: 18 bis 22 Zentimeter
Aussehen: Der Wildvogel ist gelbgrün mit schwarzer Wellenzeichnung. Die Zuchtvögel sind inzwischen in allen Farben und Schattierungen außer rot erhältlich. Die Männchen haben eine blaue, Albinomännchen eine rosabläuliche Wachshaut über dem Schnabel. Weibchen haben dagegen eine braune Nasenwachshaut, bei Albinos ist sie weißbeige. Jungvögel haben eine dunkle Iris, mattere Farben und Kopfstreifen bis zur Wachshaut.
Zähmbarkeit: Wellensittiche sind sehr leicht zu zähmen, die Vögel können rührend anhänglich werden.
Sprachbegabung: sehr gut
Stimme: angenehm leise
Nagefreudigkeit: gering

Wellensittich

Zucht: Wellensittiche brüten auch in Gefangenschaft leicht. Sie brauchen einen Brutkasten (15 x 15 cm; Höhe 25 cm), aber kein Nistmaterial. Meist brüten sie zweimal hintereinander. Das Weibchen legt vier bis acht Eier, aus denen nach 18 Bruttagen die Jungen schlüpfen, die mit etwa fünf Wochen flügge werden.

Besonderheiten: Wellensittiche können in einer Freivoliere, die aber einen frostgeschützten Unterschlupf haben muß, auch in unserem Klima ganzjährig im Freien gehalten werden.

Register

(Kursive Zahlen weisen auch auf eine Abbildung hin)